Frithjof Schuon

URBESINNUNG

Frithjof Schuon

URBESINNUNG

Das Denken des Eigentlichen

AURUM VERLAG · FREIBURG IM BREISGAU

CIP-Titelaufnahme der Deutschen Bibliothek

Schuon, Frithjof:
Urbesinnung: das Denken des Eigentlichen/
Frithjof Schuon. – 2. Aufl. – Freiburg im Breisgau:
Aurum Verlag, 1989
ISBN 3-591-08277-5

1. Auflage 1935
2. Auflage 1989
ISBN 3-591-08277-5

Gesamtherstellung: Benziger AG, Graphisches Unternehmen,
Einsiedeln/Schweiz.
Printed in Switzerland.

INHALT

VORWORT ZUR NEUHERAUSGABE

Dieses ursprünglich *Leitgedanken zur Urbesinnung* betitelte Jugendwerk erschien anno 1935, also vor mehr als fünfzig Jahren, jetzt, nachdem ich neunzehn Bücher metaphysischer Thematik in französischer Sprache geschrieben habe – Bücher, die alles in diesem Jugendwerk Gesagte aufs Gründlichste verdeutlichen und ausbauen –, liegt die Frage nahe, welche Botschaft eine neue Herausgabe jenes Frühwerkes bringen kann. Darüber ließe sich wohl streiten, aber Tatsache ist jedenfalls, daß ich wiederholt gebeten wurde – auch von französischer Seite – mein Erstlingswerk einem unterdeß viel größer gewordenen Leserkreis zugänglich zu machen und zwar wohl eher als das Tagebuch eines Werdeganges als im Sinne eines meinen späteren Schriften ebenbürtigen Lehrbuches.

Wie in allen Jugendwerken ist auch hier manches zu kantig oder zu schneidend ausgedrückt; gewiß, das Grundsätzliche ist unbestechlich und daher unveränderlich, doch lernt man mit der Zeit die Vielschichtigkeit des Wirklichen besser kennen, sofern man über die nötigen Schlüssel verfügt; ist doch die kosmische Wirklichkeit ein Zusammenspiel von unerbittlicher Geometrie und unergründlicher Musik. Das tiefe Wesen der Dinge ist unwandelbar; im Sinne der einen metaphysischen Wahrheit ist auch das vorliegende

Buch unpersönlich und zeitlos, trotzdem es stellenweise die Züge eines Frühwerkes an sich hat.

Nach all diesen Betrachtungen darf ich vielleicht auch geltend machen, daß *Leitgedanken zur Urbesinnung* mein einziges deutsches Buch ist, von einer selbstbesorgten, *Von der inneren Einheit der Religionen* betitelten und sehr freien Übersetzung abgesehen; schon sehr früh ging ich zur französischen Sprache über, weil ich in Frankreich durch meine Mitarbeit an einer geistesverwandten Zeitschrift rasch eine nicht unbedeutende Leserschaft fand. Daß im Gleichgewicht zwischen germanischen und romanischen Wesen – ich möchte sagen: zwischen deutscher Gemütstiefe und lateinischer Geistesschärfe, ohne dabei einschränkend oder ausschließlich sein zu wollen –, daß in diesem Gleichgewicht ein seelisch-geistiger Wert liegt, zeigt uns bereits das Beispiel eines Meister Eckhart, des Altmeisters deutscher Mystik und römischer Theologie. So darf ich wohl sagen: es ist kein Zufall, wenn sich in meinem Lebenswerk das deutsche und das französische Wesen die Hand reichen.

Schließlich sei noch Folgendes gesagt: in einer Zeit, da die Mißachtung und Zerstörung der deutschen Sprache an der Tagesordnung sind, stellt der Sinn für die Würde, ja die Heiligkeit der Sprache mehr denn je einen ganz wesentlichen Wert dar; und ich möchte ohne falsche Bescheidenheit hervorheben, daß dieses Anliegen – gleichsam am Rande des metaphysischen Inhalts – zur geistigen Botschaft dieses Buches gehört.

Frithjof Schuon

VORWORT ZUR 1. AUFLAGE

Zur Besinnung auf letzte Dinge fordern die Betrachtungen des vorliegenden Buches auf. Diese Besinnung beruft sich auf die Urlehre, deren gedankliches Erlebnis sie zunächst ist; sie soll zu einer den ganzen Menschen umfassenden, lebendigen und dabei tiefgründigen Weltanschauung führen; zu einer Weltanschauung, die sich unmittelbar von einer rein geistigen Gottesschau ableitet. Auf die Frage nach der Urlehre selbst antwortet dieses Buches Schlußbetrachtung: »Sie ist das in Formen verhüllte, sich in Formen kundgebende, durch Menschenalter hindurch stets neugestaltig wiederkehrende und ewig sich gleichbleibende Wissen von den letzten Zusammenhängen. Diese in mannigfaltigen Formen lebende, von keiner Form beschränkte, immer wieder zum reinen Geiste zurückführende Wahrheit ist die Urlehre.

Sie ist keines menschlichen Denkens Erzeugnis. Sie ist niemandem zu eigen. Wer sie erkennt, der hat sie; aber im Grunde hält sie ihn umfaßt, hat sie den Erkennenden in sich aufgenommen – sie, die Ewige, den Vergänglichen. So nimmt das Meer einen Tropfen auf. Überall und nirgends ist ihr Eingang. Sie ist ohne Ursprung und ohne Ende.«

Keine anderen Erklärungen als diese Schlußworte des vorliegenden Buches können seinem Wesen und seinem Geist gerechter werden. Schuons Schrift bietet sich als Frucht rein geistiger Besinnung und Inschau dar und ist gleichzeitig Kern zu immer wiederkehrendem Neu-Erkennen. Äußerlich beinahe zusammenhanglos im Aufbau, nur innerlich geschlossen und eindeutig durch seine scharfgezeichnete Lehre, liegt dieses Buch wie ein nie gewordener und nie beschlossener Gedankenkreis vor uns. Es scheint ohne Ursprung und ohne Ende zu sein. Nicht ohne Zögern hat der Verfasser seine beinahe absichtslos niedergeschriebenen Betrachtungen der Veröffentlichung übergeben; die Gründe dieses Zögerns gehen aus einem seiner Briefe hervor:

»Unsere Zeit kennt nur vernunftmäßiges Denken – von allen Abarten der Schwärmerei abgesehen; sie erkennt keine anderen Wahrheiten mehr an als diejenigen der Tatsachen, und im besten Falle diejenigen des überlieferten Glaubens; aber selbst diese werden nur allzuoft nicht minder als bloße Tatsächlichkeiten betrachtet. Keinem Worte scheint mehr die Bedeutung eines Schlüssels anzuhaften; keines ist mehr Hinweis auf Unaussprechliches und auf undenkbar Göttliches; unsere Zeit sieht im bloßen Worte, in der bloßen Form und Schale einen Selbstzweck oder ein Gedankenspiel; so ging unsere Zeit in allem, was für sie bezeichnend ist, der wahren Geistigkeit verlustig. Geistigkeit beruht auf übersinnlicher und übervernünftiger Wahrheit-Schau, auf Erkenntnis der letzten Ursachen und Zusammenhänge; wer keine Wahrheit über die geschichtlichen oder allgemein wissenschaftlichen Tatsachen hinaus anerkennt, dess' Einstellung kann auch keine geistige sein.«

Die nachfolgenden Betrachtungen sind Ergebnisse ursprünglichster geistiger Schau. Die Überlegung tritt vor dem Erleben durchaus in den Hintergrund; ja das berechnende Gehirn scheint dem erkennenden Herzen bloß Ausdrucksmittel zu sein. Neu ist keine

Wahrheit als solche; ursprünglich aber ist jede in dem Maße, als sie sich einer inneren Erfaßnis gemäß aufs neue auswirken muß.

Siegfried Lang

I

ERSTE SAMMLUNG

geschrieben anno 1928 – 1929
zu Besançon und anno 1930 – 1932 zu Paris

Die Wirklichkeit gibt sich in allem kund; als Wirklichkeit an sich kann sie sich jedoch nicht kundgeben; denn was kundgegeben ist, muß sich durch Sinnbilder offenbaren, und da eine Kundgebung sich stets von ihrem Urgehalt unterscheidet, kann die reine Wirklichkeit nur in sich selbst reine Wirklichkeit sein, kann sie nur in sich selbst sein, was sie ist und was sie jenseits des Seins bedeutet. So kann gesagt werden: Es gibt zweierlei Anblicke der Wirklichkeit: Erstens den Anblick, welcher die Wirklichkeit an Hand ihrer Kundgebungen, also des unermeßlichen Weltengewebes, erschaut, und zweitens den Uranblick, welcher aber nur als Ursache des ersten Anblicks so genannt werden kann, da in ihm, der er die Urwirklichkeit an sich ausmacht, kein Sehendes und kein Gesehenes, kein Kennendes und kein Erkanntes mehr ist; diese Zweiheit bedeutet vielmehr den ursätzlichen Ausgangspunkt des verhältnismäßigen, gebrochenen Anblicks der Wirklichkeit, den Ausgangspunkt, welcher kraft seiner schöpferischen Zweiheitlichkeit diesen Anblick bedingt, so daß die Welt sich aus dem Zusammenwirken eines gleichsam tätigen und eines duldigen Ursatzes ergibt; denn gebrochene Wirklichkeit setzt unfehlbar ein Erkennendes und ein Erkanntes voraus.

Diese Zusammenhänge tut eine im Dreieck liegende Sinnbildlichkeit dar: Die eine Spitze bedeutet die reine Wirklichkeit, die beiden anderen Spitzen, die nebeneinander und der ersten gegenüberstehen, bedeuten die gebrochene Wirklichkeit in ihrer Doppelgesichtigkeit von Erkennendem oder Innerem und Erkanntem oder Äußerem. Die Welt, wie man sie auch betrachte, oder wie sie sich selbst betrachte oder nicht betrachte, läßt sich also als eine Selbsterfaßnis beschreiben, deren ausdehnungsloser, innerster Punkt die Wirklichkeit an sich darstellt, während, was sich um diesen ursätzlichen, rein geistigen Punkt ausdehnt, die gebrochene Wirklichkeit bedeutet, also die Welt im eigentlichen Sinne des Wortes. Während der ausdehnungslose Wirklichkeitskern notwendigerweise unteilbar ist, kann der ausgedehnte Wirklichkeitsbereich wie alles Ausgedehnte geteilt werden; und so entstehen um den Punkt der reinen Wirklichkeit Kreise, die sich mit jeweils zunehmender Verhältnismäßigkeit von ihrem mittleren Ausgangspunkt entfernen, jedoch ohne aufzuhören, Sinnbild oder Widerschein dieses Punktes zu sein; denn sonst hätten sie keine Beziehung mehr zur Wirklichkeit, und nichts kann keine Beziehung zur Wirklichkeit haben, weil es nichts anderes als Wirklichkeit geben kann; weil, was außerhalb ihrer gedacht würde, reines Nichts wäre. Das Verhältnis von der gebrochenen oder äußeren Wirklichkeit zur reinen oder inneren Wirklichkeit ist gleich dem Verhältnisse von Gehalt zu Stoff. Wenn nun schon die Gehaltlichkeit die Stofflichkeit in dem Sinne übersteigt, daß diese in jener ganz enthalten ist und an sich nicht sein kann, jene hingegen jenseits dieser und ohne diese all ihre Wirklichkeit innehat, so tritt dies ungegenseitige, nicht umkehrbare Verhältnis um so deutlicher im Verhältnisse von unbestimmbarer, unendlicher Wirklichkeit zu ihren gebrochenen Spiegelungen, die alle vom Sein ausgehen, zutage; das

Sein ist gewissermaßen, wenn hier eine begriffsrichtige Gegenüberstellung überhaupt zulässig ist, der Wendepunkt zwischen reiner Wirklichkeit, welche oberhalb, außerhalb und jenseits des Seins, und gebrochener Wirklichkeit, welche unterhalb, innerhalb und diesseits des Seins liegt. Als wirkender Ursatz ist das Sein Gott, als Schöpfer der Welt; jedoch ist Sein oder Gott dasjenige, was durch diese Wörter ausgedrückt wird, nur dadurch, daß das gebrochene Erkennen nicht über diesen Wendepunkt hinausgeht; das Sein ist gleichsam der Schleier, dahinter sich die höchste Wirklichkeit verbirgt. Die Welt ist einem Stufenbau vergleichbar, dessen Grundfesten die Erscheinungswelt, und dessen Gipfel das Sein bedeutet; jenseits dehnt sich der endlose Raum aus, welchen der Gipfel berührt, während der Raum als solcher kein Verhältnis zum Gipfel hat, obwohl vom Gipfel aus ein umgekehrter, ins Endlose weitergehender Stufenbau denkbar ist; der unbegrenzte Raum bedeutet dem Bau, was das unbegrenzte, alles übersteigende, alleinherrliche und alles auflösende Letzte, das reine Göttliche, der Welt bedeutet. Der Gipfel des Stufenbaues kann tatsächlich, wie im geistigen Sinne das Sein, als Wendepunkt betrachtet werden, gleichsam als Sammelpunkt, der die Ausdehnungen des Raumes ansammelt und auffängt – wie es durch das Brennglas mit den Lichtstrahlen geschieht –, um diese also angesammelten Ausdehnungen oder Strahlen nach unten hin wieder endlos werden zu lassen, aber gemäß einer Endlosigkeit, die nur noch ein umgekehrtes, durch den Sammelpunkt selbst begrenztes Abbild der also übersetzten Unendlichkeit ist. Also ist das Sein die höchste Bestimmung des Unendlichen.

Dasselbe Verhältnis wie zwischen reiner Wirklichkeit und gebrochener Wirklichkeit, zwischen Gehaltlichkeit und Stofflichkeit, besteht zwischen Ursatz und Auswirkung; das erste Glied dieser Zweiheit bedeutet einerseits reine geistige Jenseitigkeit und Selbstherrlichkeit, andererseits den auf eine bestimmte Art und Weise vereinheitlichenden, übersetzenden Sammelpunkt dieser Jenseitigkeit und Selbstherrlichkeit, von welchem Punkte aus die nunmehr einer jeweiligen Bestimmung unterfallende Verwirklichung, Kundgebung und Entwicklung geschieht. Dieser Doppelanblick des Ursätzlichen ist im weitesten und tiefsten Sinne ausgdrückt, wenn gesagt wird, das Sein sei die Urbestimmung, die das reine, bestimmungslose Göttliche gleichsam ansammelt und dieser Bestimmung gemäß als Welt bis zu deren wirkungslosen Grenzen ausstrahlt.

Nun läßt sich diese Doppelgesichtigkeit, sei es die innerhalb des Ursätzlichen oder die von Ursatz und Auswirkung, noch in anderem Lichte betrachten, nämlich so, daß die Wirklichkeit als reine Bejahung aufgefaßt wird, die geminderte Wirklichkeit hingegen als verhältnismäßige Bejahung; angesichts der reinen Wirklichkeit ist das Sein die erste Verneinungsweise, angesichts der gebrochenen Wirklichkeit hingegen ist es die Bejahung, welche die Welt mit dem reinen Unendlichen verbindet; deshalb ist das Sein von der Welt aus der unerschöpfliche Kern aller bejahenden Bestimmungen, während es in der letzten, reinen Wirklichkeit bloß als Möglichkeit, nicht als Sein enthalten ist. So ist der Gipfel des Stufenbaus wohl die Bejahung, von welcher aus sich die gewissermaßen in Seinem Gipfel enthaltene Wirklichkeit entwickelt, angesichts des Raumes aber ist der Gipfel des Baues eine Verneinung, weil alle Ausdehnungen, die aus den unerschöpflichen Möglichkeiten des Raumes hervorgehen können, neben diesen nur Verneinungen, oder scheinbare, verhältnismäßige Bejahungen innerhalb einer Verneinung sein können.

Also kann jedes Ausgewirkte in doppeltem Lichte betrachtet werden: Einesteils insofern, als es an der reinen Wirklichkeit teilhat, und anderntenteils insofern, als es die reine Wirklichkeit verneint. Wirklich ist ein Ding durch diese seine Teilhaftigkeit an seinem Ursatze, sei es in engerem, sei es im weitesten, tiefsten und letzten Sinne; unwirklich ist es durch die Verneinung, die es dem Ursätzlichen gegenüber bedeutet. Wirklich ist es insofern, als die Erkenntnis, deren Gegenstand es ist, auf die Wirklichkeit eingestellt ist; unwirklich insofern, als die Erkenntnis, deren Inhalt nicht die reine Wirklichkeit ist, auf die gebrochene Wirklichkeit antwortet.

*

So wenig es möglich ist, Nahes und Entferntes gleichzeitig zu betrachten, so wenig kann das Wesen gebrochene und reine Wirklichkeit gleichzeitig erfassen: Insofern die Eine aufs Erkennen wirkt, bleibt die Andere wirkungslos – weshalb denn auch, wessen Erkenntnis vorwiegend aufs Unterschiedliche, Erscheinungshafte eingestellt ist, desto weniger vom Einheitlichen, Gehaltlichen wissen kann. Mit anderen Worten: Wer sich auf die Erkenntnismittel beschränkt, die zur Wahrnehmung des Verschiedenen, Erscheinenden angetan sind, nämlich auf Sinne und Vernunft, kann nicht erkennen, was durch den Geist allein erkennbar ist, weil es eins ist mit dem Geiste, wie das Licht eins ist mit dem Auge.

Was dem Auge am entferntesten, ist die Sonne; denn auch die Sterne sind ihm nur durch ihr Licht sichtbar. Und wie die Sonne zugleich dem Auge wiederum am nächsten ist, dadurch, daß das Auge ein Abbild der Sonne und eins mit ihrem Lichte ist, so ist der höchste Ursatz der Erkenntnis auf die gleiche Art am entferntesten und am nächsten, und ebenso ist es allein durch sein Licht, daß die Wesen Verschiedenes, Sinnbildliches wahrnehmen, ohne den Lichtspender zu sehen. Die Sterne sind nur dadurch wahrnehmbar, daß die Sonne verschwunden, und die Erscheinungen nur dadurch, daß das Licht, welches sie sichtbar werden läßt, notwendigerweise ein gemindertes ist, andernfalls keine Erscheinungen, sondern nur Licht sichtbar wäre. Die Farbe entspricht der jeweiligen Stofflichkeit, die Form dem Gehalte, das Licht dem Geiste, der vom Göttlichen kommt, die Entfernungen den Wirklichkeitsebenen; um das Wesentliche, Wirkliche einer Erscheinung zu sehen, muß ihr das Auge fern sein, damit das Einzelne, Zufällige an ihr nicht das Allgemeine, Wesensbestimmende übertöne.

Was an Erkenntnis in den Menschen eingeht, das geht auch von ihm aus; er kann nicht auf anderes rückwirken als auf die Wirklichkeit, die seine Erkenntnis erfüllt. Insofern der Mensch die irdischen Dinge wahrnimmt, handelt er; nähme er die Erde aus weiter Entfernung wahr, so hätte kein Handeln Sinn für ihn; so antwortet auch dessen Handeln nicht auf weltliche Umstände, der die Welt aus weiter Entfernung wahrnimmt, indem sein Wille, aufgesogen von der göttlichen Erkenntnis, von allen Sinnbildern gelöst und ihnen allen fern ist. Wäre das Auge auf der Sonne, so wäre es solchermaßen vom Lichte erfüllt, daß es nichts mehr wahrnähme; und so ist es auch mit der Erkenntnis, wenn sie vom Geiste erfüllt ist und nichts mehr erfaßt als Geist, das heißt sich selbst in ihrer reinen Ursätzlichkeit. Die Sonne als solche sehen wir nur, weil wir ihr ferne sind, so wie wir Gott nur aus unserer Ferne als solchen bestimmen können. Sind wir aber im Göttlichen aufgesogen, erkennen wir auch Gott nicht mehr als solchen, das heißt insofern Er sich der Welt gegenüberstellt und mit Seinem Willen auf sie wirkt. Es kann gesagt werden, daß man die Dinge nur an Hand der Finsternis, die noch an ihnen ist, durch das Licht sieht, da dieses durch jene gedämpft wird; dasselbe findet im geistigen Sinne statt, und so erkennt man auch Gott an Hand der Finsternis, die den allumfassenden Geist verdunkelt, ohne Ihn als solchen in Seinem Urgehalte irgendwie zu berühren.

Die Erkenntnis ist gewissermaßen einwärtsdringend; der Wille auswärtsdringend; gleichwie der Atem ein- und ausgehend die Lebewesen erhält, so begründet die ein- und ausgehende Erkenntnis das Dasein in gebrochener Wirklichkeit.

In der letzten Wirklichkeit aber, die jenseits von Gehalt und Stoff liegt, ist nichts mehr da, wo die Erkenntnis ein- und ausginge, nichts mehr, woher sie kommen und wohin sie gehen könnte.

*

Wenn das Wesen erkannt hat, daß sein Dasein nur eine Übersetzung der reinen Wirklichkeit ist, und zwar eine Übersetzung durch das Verneinende und ins Verneinende, und daß alles, was in ihm und der Umwelt an Bejahung enthalten ist, unermeßlich und ungeteilt, ungebrochen im Göttlichen wohnt, und daß dasjenige, durch das das Wesen als Besonderes bestimmt wird, nur verneinend, verringernd, begrenzend ist, daß also das Wesen dadurch, was es an Weisheit, Macht und Schönheit innehat, mit dem Göttlichen eins ist und folglich kein Einzeldasein mehr besitzt, dagegen allein durch seine Unwissenheit, Schwäche und Widersprüchlichkeit vom Göttlichen scheinbar unterschieden werden kann; wenn das Wesen also sein Einssein mit dem Göttlichen einerseits, die Nichtigkeit seiner selbst im Getrenntsein vom Göttlichen andererseits erkannt hat, kann es, je tiefer seine Erkenntnis von diesem doppelten Anblick seiner selbst ist, desto weniger darauf beharren, in diesem Dasein befangen zu bleiben und dieses Dasein in seinen mannigfaltigen Spiegelungen innerhalb des Erkennens und Wollens zu behaupten. Jede Form, sei sie von innen oder von außen her also bestimmt, sei sie als Schauendes oder als Geschautes förmlich begrenzt, ist der Ausdruck einer Unwissenheit, nämlich der Unwissenheit, durch die außer dem Göttlichen etwas vorhanden ist; und wenn diese Unwissenheit in ihrem zweiheitlichen Anblicke betrachtet wird, zerteilt sie sich in zwei Gegenpunkte, zwischen welchen ihre haltlose Nichtigkeit schwankt, nämlich in Duldigkeit oder Ohnmacht und in Mißklang oder Widersprüchlichkeit, Unfriede, Häßlichkeit. Die Weltwurzel ist Unwissenheit; und diese Unwissenheit besteht aus Ohnmacht und Zersetzung und ergibt auch nichts anderes als Unfreiheit und Widersprüchlichkeit.

Also kann auch gesagt werden: Was aus der Unwissenheit ist, bewirkt Unwissenheit und führt zur Unwissenheit; das heißt gleichzeitig, was aus der Duldigkeit oder Unfreiheit ist, bewirkt Duldigkeit oder Unfreiheit und fällt solchem Zustande anheim, und was aus der Widersprüchlichkeit, dem Zweispalt, ist, bewirkt Zwiespalt und fällt unter das Gesetz des Zwiespalts. Deshalb, wenn das Wesen dadurch, daß es in Wahrheit nicht außerhalb der letzten Wirklichkeit, der reinen Erfaßnis bestehen und daher auch nicht scheinbar völlig von ihr getrennt werden kann, sein Verhältnis zu ihr erkennt, so legt es sich selbst ab, wie man ein Kleid ablegt, so zieht es sich selbst wie einen Schleier vor der Sonne der reinen Erfaßnis zurück, so bewirken die Strahlen der Erkenntnis, die in ihm wirksam sind, daß sich sein Erkennen und Wollen und schließlich sein Ich als solches von innen her aufheben, wie der Tau, darin sich die Sonne spiegelt, von ihr aufgesogen wird.

Nun ist das Ich Erkenntnis in einem Sinne; denn es besteht kein Zweifel darüber, daß es erkennt; es ist aber auch Unwissenheit in einem anderen Sinne; denn zweifelsohne erkennt es nicht, und zwar nicht nur jenseits der ihm zugemessenen Tatsächlichkeiten oder jenseits seiner Fähigkeiten oder seiner weitesten Möglichkeiten, sondern auch insbesondere innerhalb seines Erkennens; denn dieses Erkennen ist eben dadurch sein Erkennen, welches ihm und keinem anderen zugehört, daß es in diesem Sinne unwissendes Erkennen ist. Das Ich ist, wie seine sich ordnungsweise bis zum Sein steigenden Urbilder, ein Sammelpunkt dessen, was es übersteigt, nämlich der Möglichkeiten aller höheren Wirklichkeitsebenen bis zur höchsten Wirklichkeit, und es bewirkt wie seine Urbilder und wie sein letztes Urbild, das Sein, die Ansammlung und Übersetzung dessen, was seine Grenzen übersteigt, um diese übersteigende Wirklichkeit innerhalb seiner Grenzen als Umgekehrtes und Zersetztes zu wiederholen; das Ich ist eine Verminderungs- und Verneinungsmitte, die an Hand der höheren Wirklichkeit seine Scheinwelt erzeugt, an Hand dieser Scheinwelt aber wieder zur höheren Wirklichkeit zurückkehren kann, eben dadurch, daß seine Scheinwelt nichts anderes ist als ein Widerschein höherer und so auch der höchsten Wirklichkeit.

Dem Ich als innerer Standpunkt der menschlichen Wirklichkeitsstufe entspricht die Welt, das Nicht-Ich als scheinbar äußere Erweiterung dieses Standpunktes, jedoch sind weder Ich noch Welt eine unbedingte Bestimmung, sondern beide sind verhältnismäßigerweise unterschieden, eben weil sie nur vergleichsweise bestehen; denn das unbedingte, von der Welt ganz unabhängige Ich – was schon als Redensart widersprüchlich ist –, wäre die Wirklichkeit an sich, während eine unbedingte, vom Ich gänzlich getrennte Welt keinerlei Möglichkeit entspräche. Die Wirklichkeit allein ist unbedingt, also kann das Nichts nicht auch unbedingt sein; was erklärt, daß das Nichts nicht ist, es sei denn als bloße Begriffsmöglichkeit, als gedankliche Folgerung an Hand des verhältnismäßigen Nichts.

Was innerhalb des Ichs ist, nämlich die erlebte Welt – jenes steht zu dieser im Verhältnisse von Gehalt zu Stoff –, kann also die Bestimmung, welche im Ich liegt und vom Ich ausgeht, nicht übersteigen; und so bedeutet alles, was innerhalb des Ichs und durch das Ich bestimmt und unterschieden wird, eine Umkehrung dessen, was diesem Umgekehrten urbildlich und jenseits des Ichs entspricht, und eine Zersetzung dessen, davon das Unterschiedene ein bloßer Widerschein ist. Daraus erhellt, daß die Erkenntnis der Wesen eine verhältnismäßige Unwissenheit ist, wie die ihr entsprechende Wirklichkeit eine Unwirklichkeit; daß ihre Macht eine Ohnmacht ist, und ihre Freiheit eine Knechtschaft, ihre Ordnung eine Wirrnis; und daß all dies in den Grenzen des Ichs, also in der Welt, auf einem bloßen Mehr oder Minder beruht, weshalb alles Bejahende, sofern es nur einer Welt angehört, bloß entfernt und vergleichsweise, niemals aber wirklich an das anklingen kann, was jenseits des Ichs liegt; denn das Verhältnismäßige hat von sich aus keinerlei Beziehung zum Unbedingten und kann kein Teil dessen sein, was unteilbar ist, hängt aber notwendigerweise vom Unbedingten ab. Die wirkliche Heimat des Bejahenden kann nicht innerhalb des Verneinenden sein; weshalb im Verneinenden, das heißt in der Welt, eigentlich nur das Verneinende heimisch und immerfort siegreich ist, während das Bejahende nur vorübergehend und fremd an ein Reich mahnt, in dem das Bejahende heimisch und das Verneinende ausgeschlossen ist. In der Welt ist das Bejahende vorwiegend eine Wegbahnung zum Verneinenden, ja nur ein besonderer Anblick des Verneinenden; das letzte Wort behält hier stets die Verneinung, wenn auch im Aufbau der Welt eine zwar verhältnismäßige, aber dennoch dauerhafte Bejahung wirksam sein muß, damit sie überhaupt da sein und verneinen kann. Die Welt und all ihr Geschehen sind in einem Sinne die unaufhörlich vom Nichts angefressene, aber nie besiegbare Bejahung, und in einem anderen Sinne die unaufhörlich von der Wirklichkeit angefüllte, aber nie überwundene Verneinung. Man kann aber auch in einem tieferen und berechtigteren Sinne jenes fressende Nichts als die Auswirkung des Göttlichen betrachten, das nicht dulden kann, daß sich etwas auch nur scheinbar neben Ihm behaupte, und an dessen Wirklichkeit die Scheinwirklichkeit zerschellen muß; und jene anfüllende, die Verneinung nie überwindende Wirklichkeit kann man als die in ihren Grenzen wirksame Täuschung betrachten, die sich vergeblich dem Grenzenlosen entgegenbläht.

Also wird der Mensch, der dies verstanden und erwogen hat, das Bejahende in den Erscheinungen und Ereignissen wohl erkennen, sie als Tatsachen jedoch nicht mit der Urbejahung verwechseln, wie es der stumpfe Weltmensch tut; er wird vom verhältnismäßig Bejahenden aufs rein Bejahende schließen können, sich aber vom verhältnismäßig Bejahenden dieser Welt, also von ihrer Tatsächlichkeit, abwenden, um durch die enge Pforte der Vergeistigung den zweigesichtigen Trug Ich-Welt zu durchschauen. Denn erkennend, daß die erkenntnis- und willensmäßige Wirksamkeit des Ichs die Welt sowohl durch Umkehrung der von oben her empfangenen Wirklichkeit, als auch durch Vervielfältigung, Zersplitterung derselben aus seiner Unwissenheit erzeugte, wird der geistige Mensch das Umgekehrte kraft dessen, was das Ich übersteigt und nicht vom Ich ist, und was der verneinenden Wirksamkeit des Ichs entgeht, nämlich kraft der reinen Erkenntnis, geistig die Berichtigung vollziehen, durch das Umgekehrte auf seine Richtigkeit zurückgeführt wird und das Vielfältige auf seine Einheit.

Es ist ein Reich, darauf das Bejahende dieser Welt hindeutet, ohne jedoch irgendwie an jenes heranzureichen. Aber dieses Reich ist nicht von dieser Welt; wir können es nur von ferne durch Finsternis ahnen. Wir erkennen das Bejahende dieser Welt als Abglanz der unendlichen und ewigen Bejahung, besinnen uns an Hand jenes auf diese, aber ohne jenes mit dieser zu verwechseln. Nach dem Worte: Selig sind, die nicht sehen und doch glauben.

Wer diese Welt bejaht, dadurch, daß er die Welt bloß als solche sieht und erlebt, der verneint das Reich; wer die Welt verneint, bejaht das Reich. Diese geistige Verneinung ist die Armut im Geiste, durch die der Mensch dem Kinde gleich wird und durch die enge Pforte ins Reich eingeht.

Andernteils wird das Reich durch die Welt verneint, welche nichts anderes ist als die Erweiterung und der Umkreis des Ichs, und welche gleichsam sein Reichtum ist, oder gleichsam sein Weib; deshalb das Wort: Es sind etliche, die durch sich selbst verschnitten sind für das Reich; wer es erfassen kann, der mag es erfassen.

*

Deshalb, weil der Mensch weder alles, noch nichts ist, hat er keinen zureichenden Grund in sich selbst und kann sich nicht selbst genügen; da er nichts anderes ist als ein Übergang, muß er zwischen der Wirklichkeit und dem Trug entscheiden – mit anderen Worten: zwischen dem göttlichen und dem eigenen Willen.

*

Jeder Mensch wäre frei, wenn er wüßte, daß er frei ist. Wüßte jeder, daß er in der Freude ist, so wäre jeder in der Freude.

*

Es gibt einen Einklang mit dem reinen Sein, der vom Standpunkt ausgeht, nach welchem die Welt – als Gesamtheit aller Welten und immer als Schauendes und Geschautes – des Göttlichen teilhaftig ist, nach welchem sie also in der Tat wirklich genannt werden kann; dies ist der Einklang, dessen Verwirklichung von der Auswirkung, vom unmittelbar Gegebenen, von den Wahrnehmungsfähigkeiten und ihren Inhalten ausgeht; der Einklang, welcher sie zunächst hinnimmt und die Einheit an Hand der Dinge verwirklicht, indem er jeweils in ihre Mitten eingeht und sie also mit höheren Mittelpunkten verbindet, bis sie sich in der höchsten geistigen Mitte auflösen. Die Betrachtung des rein Bejahenden in den Dingen hebt in der Tat ihre Gegensätze und somit ihre Verschiedenheit und Vielheit auf, hebt also die Dinge als solche selbst auf, da sie nur durch das Hineinspielen der Verneinung Unterscheidungen sind, und führt auf diese Weise, von ihnen ausgehend, ohne sich ihnen zu widersetzen, über die Dinge hinaus in die Urbejahung, deren gebrochener Widerschein sie sind; diese Betrachtung löst einesteils die Gegenüberstellung von Ich und Welt auf, andererseits die Gegenüberstellung der Inhalte innerhalb der Welt, und zuletzt die Gegenüberstellung von all diesem und dem reinen Göttlichen; aufgelöst kann aber nur werden, was zusammengeballt und verdichtet ist, und so bringt die vom Bejahenden ausgehende Betrachtung die Erkenntnis mit sich – oder setzt sie voraus –, daß das Werden des Ichs der Verdichtung und Verhärtung, der Vereinzelung eines ursprünglich freien geistigen Daseins gleichkommt; und wie diese Verdichtung, Verhärtung und Vereinzelung eine Umdrehung der ursprünglichen Verhältnisse mit sich bringt, so mußte aus dem ursprünglichen Verharren in einer einzigartigen entschiedenen, unbedingten Geistesschau ein formgebundenes Dasein in einer verschiedentlichen, schwankenden, bedingten Spiegelung dieser Schau entstehen; so mußte das Schauende, das nicht vom Geschauten getrennt und verhältnismäßig verschieden war, sich zu mannigfachen Mittelpunkten verhärten, so wie Geschwüre entstehen; und das Geschaute, das dem Schauenden gegenüberstand wie der ausschließliche, ausdehnungslose, unerschütterliche und zwingende räumliche Punkt dem endlosen, freien, unermeßlichen Raume, mußte gleichsam als Antwort auf die Verhärtung und die notwendig damit verbundene Vervielfältigung, der ins Unterschiedliche zerfallenen Betrachtungsmöglichkeit des Schauenden gemäß, scheinbar an diesem Zerfallen teilnehmen und seine Einheit hinter Erscheinungen verbergen, die eben der Zerfall des Schauenden hervorrief; so daß, obwohl im Ursatze, das heißt im Göttlichen, das Schauende und Geschaute also ineinander verwoben, vermischt sind und sich gegenseitig unzertrennlich durchdringen, wie die gleichnishalber auf Ausdehnung hinweisende unerschöpfliche Unendlichkeit und die gleicherweise auf Unausgedehntheit hinweisende unfaßliche Unbedingtheit, in der Auswirkung dieses ursätzliche Verhältnis umgekehrt ist und das Schauende, zum bloßen vereinzelten Bewußtseinszustand herabgemindert, als Ich scheinbar einzig und unbedingt ist, das Geschaute hingegen hier als Vielfältiges, Hinfälliges und Bedingtes erscheint.

*

Jede Welt – oder jeder Wirklichkeitskreis – ist innerhalb seiner selbst wirklich; seine Wirklichkeit hat durch die Wechselbeziehungen seiner Bestandteile Geltung; daher seine Wirklichkeit eine verhältnismäßige, gebrochene, keine unbedingte, reine ist. In Hinsicht auf einen Wirklichkeitskreis kann gesagt werden, daß die reine Wirklichkeit sein Vorbild ist; in sich selbst jedoch kann die reine Wirklichkeit nicht Vorbild sein, da nichts neben ihr vorhanden ist, dem sie zum Vorbild dienen könnte. Die Übersetzung reiner Wirklichkeit in gebrochene Wirklichkeit wird durch die Möglichkeiten der Verwirklichungsebene, des Urstoffes, bestimmt, deren formgebende Begrenzungen als solche nicht unmittelbar ursächlich in der reinen Wirklichkeit enthalten sind; denn sonst wäre die Wirklichkeit nicht überweltlich und selbstherrlich und höbe nicht alle gebrochenen Wirklichkeitskreise auf. Die Wirklichkeitsbeziehungen sind also einseitig und nicht umkehrbar; die gebrochenen Kreise sind durchaus und in jeder Hinsicht Sinnbilder höherer und höchster Wirklichkeit, die reine Wirklichkeit ist aber an sich nicht Urbild zu jenen Nachbildungen, sie ist es aber insofern, als wir von diesen Nachbildungen, mit anderen Worten von uns selbst ausgehen.

Jede Welt, jeder Wirklichkeitskreis ist als Erkenntnis und Erkanntes bestimmbar, beide sind unzertrennlich: Welt ist Erkenntnis und Erkanntes; wollte man jeden dieser Bestände rein an sich betrachten, so würde die Unterscheidung aufgehoben, und sie fielen in der letzten Nichtunterschiedlichkeit zusammen. Sowie man von Erkenntnis spricht, muß unfehlbar auch vom entsprechenden Erkannten die Rede sein, so, wie eine Gegensicht die andere notwendigerweise bedingt, andernfalls sie nicht vorhanden sein könnte; so wenig, als die Wahrnehmung der Finsternis ohne die des Lichtes, oder der Begriff des Begrenzten ohne den des Grenzenlosen möglich wäre. Diese gegenseitige Bedingtheit von Erkenntnis – Erkanntem ist der zweiheitliche Anblick der Welt, in der sich Erkenntnis und Erkanntes in zahllosen Formen wiederholen, und in der die Grundbedingungen ihrer Wirklichkeit bis ins Endlose entwickelt und dargestellt werden. Von jeder Welt aus kann das Göttliche an Hand ihrer Begrenzungen erfaßt werden, aus denen der Anblick der göttlichen Eigenschaften entsteht, die wohl angesichts der Welt höhere Wirklichkeit und Wirkungshaftigkeit besitzen, im letzten Göttlichen jedoch als Unterscheidungen aufgelöst werden; das Göttliche steht wohl allwissend und allmächtig über den Welten, doch ohne in Seinem letzten Ansichsein allwissend und allmächtig zu sein. So wirkt das Göttliche bis ins Geringfügigste, Vergänglichste, Zufälligste mit unendlicher Weisheit und Macht, aber ohne daß dieses Wirken eine Gegenüberstellung von Wirkendem und Gewirktem bedeutete; denn das Göttliche wirkt durch Seine Göttlichkeit allein, ohne Sich auf die Dinge zu richten; denn nichts besitzt Dasein neben Ihm, und in der Unwissenheit, wo Dinge Dasein besitzen, ist das Göttliche, also die reine Wirklichkeit, nur noch als Wirkung, nicht mehr an Sich vorhanden. Denn könnte Es hier an Sich vorhanden sein, so müßte Seine Allwirklichkeit die Welten zunichte machen, wie die Sonne die Sterne auslöscht. Es tut Sich in allen Welten überall kund, während die Welten vor

Seiner reinen Geistigkeit nichts sind. Alles, das Hinfälligste und Geringste, wie das Bedeutsamste und Größte – welche Unterscheidung durchaus verhältnismäßig ist und angesichts der Wirklichkeit keinen Sinn hat – steht zu Ihm in Beziehung; das Göttliche aber steht in Beziehung zu nichts, weil Es alle Möglichkeiten in Seiner Unmöglichkeit einschließt.

Ein Wirklichkeitskreis, eine Welt, ist nichts anderes als ein Anblick, ein Bewußtseinszustand, ein Wirklichkeitserlebnis, und so lassen sich vier Wirklichkeiten unterscheiden, von denen die eine, unter Anwendung des Vierecks als Sinnbild, der Zahl Vier entspricht und die körperliche, sinnlich wahrnehmbare Welt ist, die andere der Zahl Zwei entspricht und die seelische Welt im engeren, die nicht körperliche, übersinnliche Welt im weiteren Sinne ausmacht, während die dritte der Zahl Eins gleich ist und das reine Sein bedeutet; zuletzt sei die Zahl Null genannt, die im rechnerischen Gebiet ein Widerschein der letzten und höchsten, reinen Wirklichkeit ist, des durchaus unbestimmbaren, nur durch Verneinung notdürftig nennbaren Göttlichen. Und ebenso, wie sich von der Zahl Eins an eine zahlenmäßige Endlosigkeit entwickelt, die aber nur eine durch die Einheit gebrochene, durch die Einheit übersetzte und bestimmte Entfaltung der Unerschöpflichkeit ist, die in der Null liegt, und wie von der Einheit an das Endlose, Unerreichbare selbst in keinem vergleichbaren Verhältnisse zur Null steht und ihre ungeheure Leere nur versinnbildlichen, nie aber anfüllen kann durch die unbeschränkte Menge, und wie auch alle seienden Dinge nicht gegen die nichtseienden aufkommen oder die im Raume enthaltenen, den Raum entwickelnden, seine Möglichkeiten verwirklichenden Gegenstände nie den Raum anfüllen oder seine Möglichkeiten erschöpfen können, ebenso entwickeln sich auch die Welten in umgekehrtem Sinne vom Sein an, das die erste Wirklichkeit ist. So können die Welten mit ihrer Unermeßlichkeit nicht dem rein wirklichen, letzten Göttlichen, das jenseits des Seins liegt, gegenüber in die Waagschale gelegt werden. So bedeuten auch die übersinnliche und die sinnliche Welt nichts anderes als eine durch das Sein gebrochene, durch das Sein bestimmte und bedingte Übersetzung und Umkehrung des höchsten Nichtseins. Das Nichts dagegen ist bloß ein begriffliches Bild, eine Erscheinung der Denkmöglichkeit und, ohne irgend anders vorhanden zu sein, die letzte Formel der Unwirklichkeit – der Unwirklichkeit, die gerade dadurch in keinem gleichgereihten Verhältnisse zur Wirklichkeit stehen kann, daß sie als Formel notwendigerweise an der Wirklichkeit teilhaben muß und als Nichts in keiner Weise vorhanden sein kann; so daß das Nichts den einzigen Gedanken ausmacht, dem kein Gegenstand entspricht und der gleichsam von sich selbst lebt (wobei er aber notwendigerweise noch der Gegenstände bedarf, um von ihnen absehen zu können). Und ebenso auch, wie es in der Zahlensinnbildlichkeit geschieht, wenn das Anwachsen der Vielheit gewissermaßen ein durch die Einheit in seinen Möglichkeiten und Begrenzungen bestimmter Versuch ist, in umgekehrter Richtung die Leere, die unterhalb – im Sinne der Aufstufung oberhalb – der Einheit liegt, in ihrer Unermeßlichkeit zu verwirklichen und gleichsam anzufüllen, so ist die Entwicklung der Welten vom Sein an ein Aufblühen der Wirklichkeit, aber einwärtsgehend und verneinend. Und wenn einesteils der Sinn vorhanden ist, die durch das Sein verneinte göttliche Letztheit neu erstehen zu lassen, so ist andernteils auch ein entgegengesetzter Sinn vorhanden, jener, dem vom Standpunkt des Seienden aus scheinbar verneinenden Letzten zu entrinnen.

Die letzte, unbedingte, alles übersteigende Wirklichkeit oder vielmehr jenes durchaus selbstherrliche Unnennbare kann unmöglich als einheitlich im Sinne der Zahl oder der Bestimmung, als Welt oder gar als Standpunkt aufgefaßt werden; wir wissen von Ihm, indem wir nichts wissen, wir nennen Es, weil wir begrenzen müssen, um erfassen zu können, weil Erfaßbarkeit und Begrenztheit für die menschliche Vernunft ein und dasselbe sind.

Der Mensch hat vierfach an der Wirklichkeit teil: Erstens durch seinen Körper und die ihm entsprechende sinnliche Welt. Zweitens durch seine Seele, die nicht bloß der sinnlichen Welt zugewandt ist, deren Ausdehnung aber den meisten Menschen nicht bewußt ist, eben weil sie nur in diesem einen Bruchteile der Seele leben, die für Rückwirkungen aus der sinnlichen Welt empfänglich und dadurch mit ihr verbunden ist; diese Seele schließt alle sinnlichen Erkenntnis- und Tätigkeitsfähigkeiten als solche, ebenso wie ihren inneren Ausgangspunkt, das Bewußtsein, darin Gefühl, Einbildungskraft, Gedächtnis und Vernunft enthalten sind, in sich. Drittens ist der Mensch durch den Geist mit der ihm entsprechenden Wirklichkeit verbunden oder vielmehr, der Geist unterscheidet sich dadurch durchaus von den beiden vorhergehenden Teilhaftigkeiten an der Wirklichkeit, daß er tatsächlich eine Gegenwart der Wirklichkeit oder des Seins im Menschen ist, dadurch, daß er sich nicht von seinem Gegenstand unterscheidet und eigentlich das Bewußtsein des Seins im Menschen darstellt, welches allerdings den Menschen übersteigt und ihm nicht als solchem angehört. Dahingegen sind im Geiste alle Wesen eins und ein und dasselbe Wesen. Wenn nun viertens gesagt wird, der Mensch habe noch insofern an der Wirklichkeit teil, als der reine Geist mit der letzten göttlichen Wirklichkeit verbunden ist, so ist diese Anspielung auf eine Teilhaftigkeit, war sie schon angesichts des reinen Geistes nur sinnbildlicherweise einigermaßen möglich, hier ganz unangebracht, und es ist, als sage man, der Tod sei ein Zustand des Menschen. Unter bloß begrifflicher Anwendung des Vierecks als Gleichnis kann jedoch von jener vierfachen Teilhaftigkeit des Menschen an der Wirklichkeit die Rede sein, wenn auch dabei die verhältnismäßige Verfälschung, die jeder Darstellung anhaftet, unvermeidlich ist.

*

In seiner Stellungnahme zum Göttlichen wie zu irdischen Dingen kann der Mensch nicht umhin, seinen menschlichen Standpunkt gelten zu lassen und die von ihm ausgehenden Rückwirkungen auf Bestandteile irdischer Wirklichkeit auf die göttliche Wirklichkeit zu übertragen, also daß er alle Rückwirkungen seines Denkens, Wollens und Fühlens, sofern sie bejahend sind, aufs Göttliche anwenden muß, sowie er erkannt hat, daß alles, was hienieden Andacht und Liebe hervorruft, gar nicht sein könnte, wenn es nicht ein Abglanz dessen wäre, das im Göttlichen in unendlichem Maße an Güte und Schönheit enthalten ist. Wer aber also von der Wirklichkeit des Göttlichen berührt ist, daß er die Erscheinungen als Abglanz seiner Urwirklichkeit erkennt, wird seine Liebe oder Furcht so wenig den Erscheinungen als solchen entgegenbringen, als ein Mensch sein Fühlen, Wollen und Denken etwa auf die Schatten der Dinge anstatt auf die Dinge selbst einstellte. Andererseits aber, ebenso wie die Schatten dadurch, daß sie auf ihre jeweiligen Ursachen hinweisen, ähnliche Rückwirkungen hervorrufen können wie die Dinge selbst, so rufen auch die Erscheinungen nur durch ihr Abhängigkeitsverhältnis vom Göttlichen ihre jeweiligen Rückwirkungen hervor; der Mensch soll sich aber dieses Verhältnisses und dieser Ursache dermaßen bewußt werden, daß er die Erscheinungen nach ihren Beschaffenheiten wohl unterscheide, daß aber diese Unterschiede in ihm keine Rückwirkungen hervorrufen, sondern, sofern er sie in Augenschein nimmt, aufs Göttliche hinweisen, in dessen Urgehalt sich dann alle unterschiedlichen Eigenschaften auflösen. Wenn der Mensch das Göttliche völlig erkennt – durch welche Erkenntnis er aber nicht mehr Mensch ist, da er sie als Mensch gar nicht haben kann –, so hat er dermaßen Teil am Göttlichen, daß er eins ist mit der Erkenntnis, die das Göttliche von Sich selbst hat, und also durchaus eins mit dem Göttlichen und von Ihm aufgesogen.

*

Durch die Einbildungskraft entstehen gleichsam Hohlräume um das Bewußtsein, die es unsicher, zweideutig werden lassen, also, daß es schwankt, zweifelt und irrt; durch das Gefühl hingegen wird das Bewußtsein gleichsam gefesselt und eingedämmt, so daß ihm die Freiheit des Entscheids und der Bewegung überhaupt beeinträchtigt oder benommen wird. Im ersten Falle kann das Bewußtsein dem Einheitlichen nicht mehr gerecht werden, im zweiten Falle vermag es nicht mehr, sich mit dem Vielheitlichen auseinanderzusetzen.

*

Das Wesen ist alles, das ihm geschieht.

*

Der Geist allein hat seine einzige Ursache in sich selbst, weshalb ihm, was ihm fremd ist, zu nichts Veranlassung sein kann.

*

Erkennen der Erkenntnis: Wollen des Willens.

*

Die Welt ist ein Wort Gottes im weiteren Sinne. Der Gottgesandte ist ein Wort Gottes im engeren Sinne. Also ist jedes Wort des Menschen gleicherweise eine Welt oder ein Gottgesandter.

Der Hauch ist der göttliche Ursatz, der Mitlauter der Urgehalt, der Selbstlauter der Urstoff. Oder: Der Hauch ist die Erkenntnis, der Mitlauter der Gedanke, der Selbstlauter ihr Ausdruck.

Man hört nur Mit- und Selbstlauter, kaum aber den Hauch; damit kommt das im Dreieck dargestellte Verhältnis zum Ausdruck, nach dem sich nur zwei auf derselben Linie dartun können, das Dritte aber jenseits beider und zugleich in beiden wirkt.

*

Jede Bewegung, sofern sie notwendig, ist eine Rückkehr zur Wirklichkeit; jede Bewegung, sofern sie überflüssig, ist eine Abkehr von der Wirklichkeit.

*

Erkenntniskraft ist die Fähigkeit, im Besonderen das Allgemeine und im Allgemeinen das Ursätzliche zu sehen.

*

Wenn schon kein Ding anderes sein kann als ein Sinnbild des Göttlichen, so kann es um so weniger anderes wirken als Sinnbildliches; nicht nur, daß jedes Ding seine unmittelbare ursätzliche Beziehung zum Göttlichen hat, sondern auch seine Sinnbildlichkeit ist gleichzeitig aus all den Verhältnissen und Gesetzen gewoben, welche, in jedem Wirklichkeitskreise entsprechend wirksam, die Daseinsbedingungen des Dinges bestimmen, ohne jedoch an sich mit diesem ihrem Sinnbilde in Berührung zu kommen. Was aber als Gesetz, als Bestimmung in Betracht gezogen wird, das ist, um es durch räumlichen Vergleich auszudrükken, eine Mitte und somit eine Kundgebung der göttlichen Mitte innerhalb gegebener Wirklichkeitsgrenzen, wobei jene Mitte notwendigerweise auch die Mitten der weniger begrenzten Wirklichkeitskreise bis zum reinen Letzten, dem höchsten und ersten Sinnbilde der Urmitte, der selbstherrlichen, unbegrenzten, namenlosen, unfaßlichen, kundgibt. So ist denn jede Mitte, jeder Punkt, jede Hauptbedingung eines noch so geringfügigen Wirklichkeitskreises, innerhalb eines weiteren Kreises bloßer Widerschein einer tiefergelegenen, unmittelbarer die Wirklichkeit ausdrückenden Hauptbedingung. Alles, was als Urbild inmitten einer Welt steht, wie die Sonne in ihrem Weltkreise, ist durch seine eigene Ursätzlichkeit mit einem in reinerer Wirklichkeit liegenden Kreise verbunden; jeder Mittelpunkt, als Wirklichkeitsgehalt seines Bereiches, befindet sich seinerseits in einer Umgebung, in der seine Welt nicht als inhaltliche Vielheit, sondern nur noch gehaltliche Einheit Bedeutung hat. Die inhaltliche Aussage eines Baumes mögen viele Blätter und all ihre Bewegungen und Schicksale sein, im Walde kommt er doch nur als einzelnes in Betracht, und in der Pflanzenkunde nicht einmal als einzelnes, sondern bloß als allgemeiner Ausdruck eines solchen; war er zunächst Ursatz und Mitte einer unerschöpflichen Fülle von Formen, Geschehnissen und allerlei Möglichkeiten, so ist er in einem weiteren Sinne zum bloßen Bestandteile eines Inhaltes, und innerhalb einer noch weiteren Betrachtungsweise ganz aufgehoben worden. Jedes Ding, jedes Geschehnis bis zur geringfügigsten Zufälligkeit schließt also einen Inhalt in sich, dessen Ursatz, Mitte oder Bestimmung es ist, und gliedert sich in einem weiteren Sinne als bloße Einzelheit eines umfassenderen Inhaltes ein; nichts kann diesem Gesetz entrinnen, denn nichts ist unteilbar denn das Sein, und nichts kann außerhalb des Seins stehen. Dadurch, daß sich alle Dinge im Sein befinden, sind alle Dinge und alle ihre ins Endlose teilbaren Bestandteile des Seins teilhaftig; im Sinne des verneinenden, gewissermaßen irdischen Anblicks des Göttlichen aber, der die Welt insofern in Betracht zieht, als sie sich scheinbar außerhalb des Göttlichen befindet, sind alle Dinge nur beiläufig, und das Göttliche allein ist Mitte. Wie man denn auch die Welt betrachte, ist jede Erscheinung sowohl hinsichtlich eines Mittelpunktes als auch hinsichtlich einer Umgebung begründet und hat all ihre möglichen, in den verschiedenen Ausdrucksformen ihres Daseins beruhenden Begründungen in diesen zwei Verhältnissen. Nichts kann sich irgendwie kundtun, was nicht einerseits durch seine Beziehung zu einem ihm entsprechenden Urbilde Bestimmung und Sinn hätte, und andererseits nicht selbst eine Wirkungsebene bestimmte. Ein Staubkorn verschwindet vor den Gesetzen, welche die ganze Wahrheit seines Daseins ausmachen, und um so mehr vor dem Göttlichen, in welchem die letzte Wirklichkeit dieser Gesetze liegt; wenn man aber über die naheliegendste, äußerlichste Wirklichkeit des Staubkorns nicht hinausgeht und seine sinnlich wahrnehmbare Erscheinung als das einzig Gegebene hinnimmt, so ist das Staubkorn allerdings unter allen anderen Dingen eine unvergleichliche Tatsache, dadurch, daß in allen möglichen Welten nichts sein kann, was das notwendigerweise einzigartige Wesen und Schicksal des einen Staubkorns erfüllte; und darin, daß kein Ding aufhören kann, es selbst zu sein, um in ein fremdes Dasein hineinzufallen, tut sich die Teilhaftigkeit aller Dinge an der Einzigkeit des Seins und an der Ausschließlichkeit des höchsten Göttlichen kund. Ein Baum ist eine Erscheinung, und das Feuer ist eine andere; aber der Baum könnte sich nicht aus einem in der Erde liegenden Kerne zu Wurzel, Stamm und Krone entwickeln, das heißt es könnte kein Baum sein, wenn sich nicht vor ihm und ihm zum Bilde die gesamte allweltliche Auswirkung, deren Werdenskern im unendlichen Göttlichen liegt, zu Wurzel, Stamm und Krone entwickelte und als Sein, übersinnliche und sinnliche Wirklichkeit kundgäbe; und das Feuer, das in der sinnlichen Welt im Widerspruch zum Baume steht, indem es ihn verbrennt, könnte nicht Wärme und Licht ausstrahlen, also kein Feuer sein, wenn nicht das Göttliche Wirklichkeit und Erkenntnis ausstrahlte, und könnte den Baum durch seine Hitze nicht zu Verkohltem, Aufgelöstem, Ausgeschiedenem, Aufgesogenem zersetzen, von dem das eine liegen bleibt, das andere fortschwebt, wenn nicht die göttliche Wirklichkeit immerfort das Zusammengesetzte also zerteilte und richtete, und wenn nicht die ganze Welt einst als Verkohltes, Aufgelöstes, Ausgeschiedenes und Aufgesogenes zersetzt würde.

Also ist auch das Bedingteste, Vergänglichste nicht geringfügig genug, um diesem Gewebe der Beziehungen zu entrinnen; nichts könnte sein ohne die göttliche Wirklichkeit; nichts könnte sich unterscheiden, wäre nicht die göttliche Einzigkeit verdunkelt; nichts könnte sich regen, wäre nicht die göttliche Mitte verloren. So ist denn einerseits jede Gemeinsamkeit zwischen den Dingen, von der oberflächlichsten bis zur tiefsten, ein Wahrzeichen der Einheit des Göttlichen, und andererseits jeder Unterschied ein Zeichen – und zugleich auch eine Folge – des Verlustes dieser Einheit in der Welt; jeder Stillstand ist ein Zutagetreten des göttlichen Friedens, und jede Regung übersetzt nichts anderes als das Getrenntsein der Welt vom Göttlichen und bezeugt die dumpfe Sehnsucht zum Göttlichen und zugleich die Ohnmacht dessen, das sich regt; sei es nun der unstete Fluß menschlichen Denkens oder das ziellose Kriechen eines Wurmes. Es gibt nichts Zufälliges oder nur scheinbar Zufälliges, da es nichts Unbegründetes geben kann; deshalb muß, was nur irgendwie vorhanden ist, entweder im Sinne der bejahenden Anschauung das Göttliche an sich oder im Sinne der verneinenden Anschauung die Verhältnisse der Welt zum Göttlichen kundtun.

Ein Gegenstand ist zunächst sowohl durch seine stofflichen Eigenschaften des Göttlichen teilhaftig, als auch durch deren geringste Zufälligkeiten; schlechthin alles, was von ihm ausgesagt werden kann, sei's nun von seiner Beschaffenheit oder von seinem Geschehen, deutet auf eine allweltliche Mitte hin, hat, wie erwähnt, eine tiefe Ursache im Ewigen, ist eine Wirkung, ein Nachklang letzter Beweggründe, die jedoch ihrerseits in keinerlei Beziehung zu ihren zahllosen Kundgebungen stehen – so wenig die Sonne mit all dem, was durch sie entsteht und erscheint, verbunden ist. Wir haben auseinandergesetzt, wie alles, das irgendwie zutage tritt, als ursätzliche Möglichkeit und Notwendigkeit im Göttlichen liegen muß, wenngleich nicht auf die unterschiedliche Weise, wie Eigenschaften der Dinge vom Verstand einzeln erfaßt und auf ihre letzten Formeln zurückgeleitet werden. Die göttlichen Eigenschaften sind im Verhältnisse zum Erkennen, welches sie unterscheidet und in dessen Beschaffenheit ihre Daseinsberechtigung liegt, viel wirklicher als all die Erscheinungen, die sich das Erkennen als sinnbildliche Ausgangspunkte zum Erfassen der göttlichen Eigenschaften nimmt, während dagegen diese Eigenschaften so wenig wie ihre Kundgebungen, die in gebrochener Wirklichkeit die Welt ausmachen, innerhalb des Göttlichen enthalten und vorhanden sind. Diese beiden scheinbar widersprüchlichen Wahrheiten, deren erste sich offenbar auf das Göttliche im Verhältnisse zur Welt bezieht, während die zweite auf das Göttliche als unbedingten, selbstherrlichen, alles durchaus übersteigenden Ursatz hindeutet, dessen unwirklicher Gehalt alle gebrochene Wirklichkeit zunichte macht, finden ihre satteste Prägung im Worte: Alles in Gott, Gott in nichts – was die bejahende und die verneinende Anschauung des Göttlichen bestätigt und besagen will, daß alle Erscheinungen in viel wirklicherer Weise als durch ihr einzelnes Dasein im Göttlichen vorhanden sind, daß aber das Göttliche selbst, an Sich und gleichsam durch Sich selbst betrachtet, alle gebrochene Wirklichkeit ausschließt. Das Göttliche ist über der Welt, sofern man die Welt in Betracht zieht; die Welt ist aber nicht unter dem Göttlichen, denn sowie man das Göttliche rein als Göttliches und nicht in Hinsicht auf die Erscheinungen betrachtet, ist die Welt überhaupt nicht.

Diese Deutung alles Seienden verbrennt gleichsam alle möglichen Erscheinungen und beschränkt sie auf ihre letzten Gehalte; die Dinge haben für die rechte Einstellung der Erkenntnis nicht anders Bedeutung als in diesem Sinne. Und so läßt die rechte Erkenntnis auch nicht anders auf sich wirken und nichts anderes, als den göttlichen, den Wirklichkeitsgehalt. Daß Sinne und Verstand Unterschiede wahrnehmen, rührt daher, daß sie zur Welt gehören, die sich dem Göttlichen entfremdete; daß aber der reine Geist durch die Unterschiede hindurch den Gehalt erkennt, bekundet die ewige Einheit des reinen Geistes mit dem Göttlichen.

Jede Tat, jeder Gedanke, jedes Wollen ist ein Angezogensein durch eine Mitte, die gleich einem Strudel wirkt, ist ein Antworten auf Wirklichkeit; durch den Tod fällt das Wesen der Wirklichkeit anheim, die es in vorwiegendem Maße beantwortet hatte; es unterliegt der Anziehung einer solchen Mitte, durch deren Mund es eingesogen werden muß, um von ihr verdaut und ausgeschieden zu werden; es fällt ihr anheim kraft seines Fleisches, seiner Schwäche, seiner Begrenztheit, seiner Unwirklichkeit und wird ausgeschieden, wiedergeboren kraft seiner Teilhaftigkeit am Göttlichen, seiner Grenzenlosigkeit, seiner Wirklichkeit: also, daß dieses Ausgeschiedensein aus nichtgöttlicher Mitte letzten Endes ein Angezogensein durch die göttliche Mitte ist, die ihre Herrschaft über alle Dinge dadurch bekundet, daß sie diese immer wieder der Herrschaft besonderer Mitten entreißt, der sie anheimfallen. Eine Tat, eine Regung, deren Beweggründe geistige sind, ist ein Eindringen des Geistigen ins Irdische, um so mehr, als sie keine unmittelbare Bedeutung für das Irdische hat. Gleich und gleich ziehen sich an, daher derjenige, dessen Wille nicht auf Selbstbehauptung und Ausdehnung seines Bereiches gerichtet ist, unter seinesgleichen kommt, während der sich selbst Behauptende, Begehrende, Unersättliche auf dieselbe Weise ins Leiden gerät; und also liegt sein Leiden in seiner Beschaffenheit selbst, die mit ihrer Umgebung, dem Nicht-Ich, der Welt, in Widerspruch steht; also gerät das Wesen dadurch, daß es der Mitte anheimfällt, an die es sich während seines Lebens verschenkt hat und welche unsichtbare Bande mit ihm verknüpfen, nach jedem Tode in eine Welt, die nichts weiter ist als eine Veräußerung des Wesens selbst, seiner eigenen Widersprüchlichkeit. Also kann sich jeder Mensch nach der Welt, in der er lebt, bemessen; sei es im engeren Sinne der Schicksale, die an ihn herankommen, oder im weiteren Sinne des Umkreises mit all seinen Möglichkeiten überhaupt, darin er lebt. Durch das Leiden, dem der Selbstsüchtige, ans Unwirkliche Glaubende anheimfällt, wird die von ihm ausgegangene Brechung des Gleichgewichts von außen her ausgeglichen und so die Widersprüchlichkeit seines Wesens gebrochen. Ist diese Widersprüchlichkeit kein bloßes inneres Schicksal, sondern im Daseinsgehalt des Wesens selbst inbegriffen, kann die Widersprüchlichkeit innerlich nicht gebrochen und aufgehoben, sondern bloß gehemmt und vorübergehend wirkungslos gemacht werden, so daß das Wesen, wenn es in eine Welt hineingeboren wird, welche eine Veräußerung dieser scheinbaren und bloß schicksalhaften Nichtselbstbehauptung ist, von Neuem seine Widersprüchlichkeit auswirkt und neue Verbindungen mit der Mitte des Widersprüchlichen anknüpft. Denn die Widersprüchlichkeit eines solchen Wesens wirkt sich blind aus, solange es keinem Widerstand begegnet oder solange es Macht genug hat, den Widerstand zu brechen, den es im Grunde selbst heraufbeschworen hat, bis er sich seiner Macht entzieht, ihm über den Kopf wächst und es zermalmt – was abermals bedeutet, daß sich eigentlich das widersprüchliche Wesen selbst zermalmt.

Die Gebote, die von den Gottgesandten gegeben wurden, weisen auf die nicht-widersprüchliche Einstellung des Menschen hin, auf die Einstellung, die mit der Umwelt in Einklang steht, indem ihr äußerlichster Sinn die menschliche Gesellschaft und das Leben des einzelnen in ihr betrifft, ihr innerlichster Sinn sich hingegen, weit entfernt davon, den äußerlichen umzustoßen, auf den Menschen selbst, auf den Zustand seines Geistes in der Finsternis seiner Unwissenheit bezieht. Und während die Befolgung der äußeren Gebote aus der menschlichen Weisheit erfolgt und zur irdischen Seligkeit führt, kommt die Befolgung der inneren Gebote aus der göttlichen Weisheit und führt zur göttlichen Seligkeit. Wer die Gebote im engeren oder im weiteren oder im weitesten Sinne bejaht, der bejaht eine allgemeine oder eine weltumfassende Ordnung, welche der göttliche Wille ist, und löst durch sein Einswerden mit diesem Willen seinen eigenen, als solchen widersprüchlichen Willen auf, wie er sich selbst, der er als Einzelbestimmung ebenfalls widersprüchlich allem sich von ihm Unterscheidenden gegenübersteht, auflöst und befreit, dadurch, daß er so den Mächten entrinnt, die nur aufs Zusammengeballte, Dichte, Feste und nicht aufs Aufgelöste wirken, so wenig, als Keulen, Schwerter oder Lanzen auf Wasser, Feuer, Luft oder gar Äther wirken können. Wer aber die Gebote im engeren oder im weiteren oder weitesten Sinne verneint, der verneint einen allgemeinen oder einen weltumfassenden Willen, den Willen des Göttlichen, und verhärtet durch seine Entzweiung mit der Welt seinen eigenen Willen und fällt deshalb der gewaltsamen, jähen Auflösung anheim. Denn kein Widerspruch kann das Maß seiner Möglichkeit übersteigen, er muß an seiner eigenen Falschheit zerschellen – so, wie lockere Erde mit der Hand zerteilt werden kann, während verhärtete Erde mit der Hacke zerschlagen werden muß.

Die Menschen, die Wissen, Macht und Schönheit oder irgendein Gut besitzen, sind nichts anderes als Wellen eines Meeres, die emporgetrieben wurden, um wieder zurückzusinken. Durch Denken und Tun bekundet der Mensch seinen Willen, dem nichts standhalten kann. Sein Wille, Wahrzeichen seiner Wirklichkeitserkenntnis und des daraus entfließenden Glaubens, sein Wille, bestimmt und genährt durch die Täuschung, treibt ihn empor, bis er seine Früchte erntet, an der Grenze seiner Täuschung angelangt ist und Wissen, Macht oder Schönheit besitzt oder welcherart Gut es sein mag. Deshalb kann nichts dem also dahindrängenden Willen widerstehen, weil die Erkenntnis des Menschen, der also nach Selbstverwirklichung strebt, stets auf das gerichtet ist, was seinen Willen fördern oder behindern könnte, und alle Dinge in diesem Lichte sieht – oder übersieht. Aber ein Zustand, der durch einen solchen bohrenden, zähen und finsteren Drang erreicht wurde, kann seiner eigenen Endlichkeit nicht standhalten, denn nur die reine Wirklichkeit ist beständig, unter welchem Gesichtspunkte man sie auch betrachte. Deshalb muß ein solcher Zustand sich selbst ausleben. Der bestimmte Wille, dessen Frucht er ist, gelangt in ihm zum Höhepunkt, wird sich selbst überflüssig, stumpft sich an seiner eigenen Erfüllung ab, zerrinnt in seiner eigenen Endlosigkeit; und verfällt das Wesen wieder der Verneinung seiner Daseinsform, dem Tode, so ist der bestimmte Willensdrang aufgelöst und kein zureichender Grund mehr dafür vorhanden, daß es in der Erfüllung dieses Willens, in dieser Seligkeit bleibe; der Trug zerstiebt wie eine Blase, und das Wesen fällt in seine Leere, seine Nacktheit, seine röchelnde Ohnmacht zurück. Denn sein Wille war auf den Glauben ans Unterschiedliche, das heißt ans Widersprüchliche, aufgebaut; und sein Wille war ein Wille zum Unterschiedlichen, also zum Widersprüchlichen, weshalb seine Erfüllung nicht außerhalb des Unterschiedlichen, Widersprüchlichen liegen und nicht den darin bedingten Folgen entrinnen konnte; deshalb mußte es dem Leiden anheimfallen, welches das letzte Wort der Unterschiedlichkeit und Widersprüchlichkeit ist. So hält sich der Erkennende nicht an der Glückhaftigkeit oder Schmerzhaftigkeit seines Daseins auf, sondern beurteilt beides in diesem Lichte; er geht nicht in der scheinbaren Unendlichkeit des Genusses unter, um ins Leiden zurückzufallen, noch beeinträchtigt ihn das Leiden; sein Erlebnis von Lust und Leiden ist ein sinnbildliches, und so beherrscht er jeglichen Trug; seinen Willensdrang durchstrahlt er geistig und überwindet die Welt – und sich – durch die Erkenntnis. Denn wer das Göttliche allein erkennt – in den Erscheinungen und durch die Erscheinungen hindurch –, und wer also das Wirkliche allein will, mißt dem auf- und niedergehenden Wellenspiel der ihn umgebenden Erscheinungen einerseits und seines Schicksals in dieser Umgebung andererseits keine weitere Bedeutung bei als die einer Sinnbildlichkeit; er wird durch alle Erscheinungen und Schicksale hindurch in der Erkenntnis verharren, um also grenzenlos und unsterblich zu werden, alles im Geiste und durch den Geist erlebend, alles auf den einen Geist zurückführend. Er wird der Urfreude anheimfallen, der er nicht mehr entrinnen kann, weil sie die wirkliche, letzte ist, und von der alle gebrochenen Freuden und Lüste nichts als ferne Spiegelungen, einzeln bestimmte Verminderungen sind. In diesem Sinne läßt sich jedes weltliche Gut ins Unendliche übersetzen und bedeutet dann einen besonderen Anblick des Unendlichen – wie ja die geringste Erscheinung ein besonderer, aber viel unwirklicherer Anblick des Unendlichen, und wie die ganze ausgewirkte Welt, in welchem Sinne man sie betrachte, eine solche Schau des Unendlichen ist.

*

Wir sehen die Wesen entweder in einem genießenden oder in einem leidenden oder in einem gemischten, unentschiedenen Zustande; aus diesem Räderwerk der Zustände kommt das Wesen allein durch die Erkenntnis der Wirklichkeit. Hat sich im Dasein eines Wesens ein leidender Zustand erschöpft, so kommt das Wesen in einen Zustand der Freude, in dem aber, sofern es nicht zum sinnbildlichen Erlebnisse des Leidens durchgedrungen ist, die mittelbaren Ursachen jenes Leidens von neuem zu wirken beginnen und also wiederum zum Leiden führen. Die mittelbaren und unmittelbaren Ursachen von Freude und Leiden liegen in jeglichen Wesens Beschaffenheit und entspringen ihr, beruhen aber immer auf der einen letzten Ursache allen Leidens, der Befangenheit in gebrochener Wirklichkeit; solange diese Ursache nicht entwurzelt und aufgehoben, diese Befangenheit nicht zunichte gemacht ist, verharrt das Wesen im Bereiche der Leidenmöglichkeit, also im Leiden. In diesem Sinne kann man das glückliche Wesen nicht anders betrachten als etwa einen, der Nahrungsmittel besitzt und ihrer genießt, aber trotzdem wieder hungrig werden muß und, so oft er auch in den Besitz von Nahrungsmitteln gelangen mag, dennoch nicht dauernd leben kann und sterben muß; so kann der Glückliche dem Unglück nicht anders entrinnen als durch Erkenntnis. So oft er auch wieder glücklich werden mag, muß er doch letzten Endes der einen Hauptursache dieses Wechselspieles anheimfallen und jeglicher Erkenntnis des Truges verlustig gehen; während er vor dieser letzten Entscheidung im Trug des Unterschiedlichen lebte und seinen Neigungen folgt, immerhin aber die Freiheit besaß, diesen Trug irgendwie einzusehen, diese Einsicht aber infolge seiner Neigungen verwarf und diesen Neigungen trotz seiner Einsicht nachgab, hat er diese Einsicht nach der letzten Entscheidung nicht mehr, noch infolgedessen die Freiheit, ihr Folge zu leisten; sondern die unterschiedlichen Dinge, um derentwillen er seine Erkenntnis, das Göttliche in sich, das zur Wirklichkeit Führende, verworfen und seinen Willen zum Trug bekundet hatte, diese Dinge, statt daß er ihnen nachfolgt nach seinem Willen, folgen nun ihm nach wider seinen Willen, da seine Erkenntnis sie nicht mehr übersteigen kann und sie ihren ans Göttliche gemahnenden Anschein verloren haben, um ihre wahre, widersprüchliche, leidenerregende Beschaffenheit kundzutun, das, wodurch sie wirklich sie selbst sind und das Bejahende, Wirkliche, Göttliche verneinen. Das Wesen, in welchem Zustande es auch stehe, befindet sich im steten Widerstreit zwischen dem Willen zu den Erscheinungen und dem Willen zur Wirklichkeit; es will die Erscheinungen, weil sie am Göttlichen teilhaben und weil des Wesens tiefste Sehnsucht nach dem Göttlichen verlangt, dadurch, daß das Wesens tiefste Wirklichkeit im Göttlichen liegt und das Göttliche ist; aber obwohl es im Grunde das Göttliche will, weil es nur das Göttliche wollen kann, will es dennoch die Erscheinungen um ihrer selbst willen und muß sie deshalb erreichen in ihrer Beschaffenheit als solche, also insofern sie vom Göttlichen abführen. Hat das Wesen sie zuvor in ihrer bejahenden Form und durch ihre Teilhaftigkeit am Göttlichen geliebt, so muß es sie nachher in ihrer verneinenden Form und durch ihr Getrenntsein vom Göttlichen hassen, mit dem Unterschiede, daß, während des Wesens Erkenntnis zuvor die Erscheinungen umfaßte und ursätzlich überstieg, diese Erkenntnis als Umfassungs- und Übersteigungsmöglichkeit geschwunden ist und sich nur noch auf die Erscheinungen in ihrer äußersten Zufälligkeit beschränkt; auf die Erscheinungen, die hinfort für das Wesen die Wirklichkeit sind, die hinfort die einzigen, unvermeidlichen, unbestreitbaren Inhalte seines Erkennens bilden und des Wesens Bewußtsein seiner selbst ersticken, also, daß es nicht mehr weiß, daß es irgendwie von den Erscheinungen unterschieden ist, daß sie ihm irgendwie äußerlich sind; also, daß es folglich auch nicht mehr von ihnen verschieden ist, daß sie ihm auch in der Tat nicht mehr äußerlich sind.

Man kann andrerseits den glücklichen Zustand, in Anklang an die Folge der Weltentwicklung, als vorhergehend, anfänglich betrachten: Wobei nicht vergessen werden darf, daß in all diesen Betrachtungen zeitliche und räumliche Bestimmungen nur im Sinne der äußerlich wahrnehmbaren, irdischen Welt wörtliche Bedeutung haben, im weitesten und tiefsten Sinne aber als Vergleiche aufzufassen sind. Am Anfang genossen die Wesen die Welt um ihrer Göttlichkeit willen, jetzt erleiden sie die Welt um ihrer Unwirklichkeit willen. Alles Lebendige hat an diesem bejahenden Anfang und diesem verneinenden Ende teil, zum Beispiel auch das Weib, durch dessen Jugend sich die Unschuld Edens kundgibt, weshalb der Mann sie liebt; aber im Alter offenbart sich das, aus dem das Weib, im Gegensatze zu dem, das es kundgetan hat, erschaffen ist, nämlich Fleisch, Sterbliches, Staub. Die Schönheit kann nicht mit Vergänglichem verbunden bleiben, weil sie nur im Göttlichen ganz sie selbst ist; sie kann in den Erscheinungen zum Ausdrucke kommen, aber dadurch hören die Erscheinungen nicht auf, Erscheinungen zu sein und ihrer Bestimmung anheimzufallen, welche von der Bestimmung der Schönheit verschieden ist. Dies zeigt sich auch in der Geschlechtsliebe: Beim Weibe ist dieselbe Ursache, durch die es in der Lust war, Ursache des Schmerzes, wenn jene Ursache ihre Früchte bringt.

Das Wesen als solches ist aus dem Drang geboren, die Unendlichkeit zu verwirklichen; deshalb ist auch alles, das vom Wesen ausgeht, demselben Drang untertan, und alles, was das Wesen liebt, das liebt es um der Unendlichkeit willen; und alles, was es tut, das tut es, um in Unendlichkeit einzuströmen und aufzugehen. Aber die wahre Unendlichkeit ist innerhalb, nicht außerhalb des Wesens, weshalb, was außerhalb des Wesens ist, nur scheinbare Unendlichkeit sein kann; so ist alles Leiden ein Anstoßen an den Grenzen solch scheinbarer Unendlichkeit, ein Zurückfallen des Wesens in seine eigene Endlichkeit, der es immerfort nach außenhin zu entrinnen sucht, sei es in leiblicher Hinsicht, durch Lust, oder in seelischer Hinsicht, durch Freude, oder in geistiger Hinsicht, durch Gewißheit. In jeder Freude, in jeder Lust wird das Wesen unendlich, vergißt es seine Grenzen, weil es nicht weiß, daß das Begrenzte niemals grenzenlos werden kann und daß es nur ein einziges Eingehen in restlose und letzte Unendlichkeit gibt, nämlich jenes, welches vom Unendlichen im Wesen ausgeht, das Wesen von innen her durchdringt und ins Unendliche zurückführt, und nicht jenes, welches vom Endlichen, also vom Wesen als solchem ausgeht und deshalb, weil es das wahre, alles übersteigende Unendliche verneint, in tausenderlei scheinbaren, trügerischen Endlosigkeiten zerrinnen und versiegen muß. Die Wesen oder die Dinge besitzen in dem Maße und in der Hinsicht bejahende Eigenschaften, als sie ihre Grenzen durch solches Einfließen in Scheinunendlichkeit verloren haben, welches Einfließen jedoch eine Teilhaftigkeit an der reinen Unendlichkeit bedeutet – und sich also am Anfange einer Daseinsform befinden; so ist im weitesten Sinne schön zu nennen, was seine Selbstbejahungs- und Selbstverwirklichungsmöglichkeiten zwar ursätzlich, aber noch nicht tatsächlich begrenzt hat und folglich unendlich zu sein scheint; oder man kann eine Erscheinung mächtig nennen, weil ihre

Selbstbejahungs- und Wirkungsmöglichkeiten den Anschein der Unbegrenztheit haben. Schön ist, was Frucht unbegrenzter Möglichkeiten ist; mächtig, was Erzeuger solcher Möglichkeiten. Verneinende Eigenschaften, die sich wie die bejahenden in zwei Gruppen teilen, die in einer gewissen Beziehung Häßlichkeit und Ohnmacht, im weitesten Sinne Widersprüchlichkeit und Wirkungslosigkeit, oder letzten Endes einfach Unmöglichkeit und Unwirklichkeit genannt werden können, wie man die bejahenden Eigenschaften von Allmöglichkeit und Wirklichkeit ausgehen lassen kann, weil die Schönheit des Göttlichen Allmöglichkeit und Seine Macht Wirklichkeit ist – verneinende Eigenschaften besitzen die Erscheinungen insofern, als sie sich dem Ende ihrer Daseinsform nähern oder an ihm angelangt sind und nicht mehr eine Ausgeburt unbegrenzter Möglichkeiten, sondern eine bloße Hülle erschöpfter Möglichkeiten darstellen, nicht unbegrenzt wirksam sind sondern ihre begrenzte Macht in bloßer Notwehr auszuleben scheinen. Diese zweierlei Urbestände eines Selbstverwirklichungskreises haben nicht nur für eine Erscheinung als solche Geltung, sondern innerhalb ihres Kreises befinden sich zahllose Kreise, ja der geringste Bruchteil jeder Regung ist wiederum ein solcher Kreis, und diese untergeordneten Kreise sind vom Hauptkreis verhältnismäßig unabhängig, wie auch der Hauptkreis eines Wesens, wenn wir darunter seine jeweilige Daseinsform, etwa sein Leben, verstehen, nicht hinsichtlich der beiden kreislichen Urbestände, sondern höchstens hinsichtlich seines Inhaltes von weiteren, das Wesen als solches übersteigenden, mit in sich begreifenden Kreisen bestimmt wird; denn sonst wäre überhaupt keine Regung möglich, weil das Wesen notwendigerweise immer in endende Kreise verwoben ist und nicht durchaus an deren Ende teilhaben kann. Anstatt einen solchen Kreis vom Standpunkt der Schönheit – Häßlichkeit und der Macht – Ohnmacht zu betrachten, kann man auch den einheitlichen Standpunkt Erkenntnis – Unwissenheit gelten lassen und dasselbe, das von Schönheit und Macht und ihren Verneinungen gesagt wurde, über Erkenntnis und Unwissenheit aussagen, mit dem Unterschied, daß dann der unterschiedlichere Gesichtspunkt von inneren und äußeren Selbstverwirklichungsmöglichkeiten überschritten ist.

Ist nun bei der Betrachtung eines Wesens, einer Erscheinung überhaupt, die Täuschung möglich, es sei unendlich oder wirke unendlich, wenn man den Anfang seiner Daseinsform betrachtet, so trägt es doch das Siegel der Endlichkeit, denn so schön es auch sein mag, ist seine Schönheit doch durch ihre tatsächliche Einzigkeit, die sich der ursätzlichen Einzigkeit der göttlichen Schönheit entgegenstellt, begrenzt, dadurch, daß sie alle unzähligen anderen Schönheitsmöglichkeiten ausschließt; und dasselbe gilt von der Macht, deren tatsächliche Wirklichkeit das umgekehrte Spiegelbild der ursätzlichen Wirklichkeit des Göttlichen ist. Ähnliches gilt auch vom Dasein überhaupt, zum Beispiel vom bloßen Dasein in Raum und Zeit.

Jugend und Alter, oder was dieser Unterscheidung sonst entspricht, folgen nur vom Standpunkt der Unwissenheit aufeinander, denn vom geistigen Standpunkt aus, der den zeitlichen übersteigt, sind Jugend und Alter zwei gleichzeitige Anblicke ein und derselben Erscheinung, sind sie zwei Kundgebungen eines Täuschungsgewebes, und ihre zeitliche Folge drückt nur ihre begriffsrichtige Verbindung aus.

Der Friede der Menschen ist nichts, denn er beruht auf dem Glauben, das Leiden sei ein Zufall, dem man entrinnen könne. Sie sind stark und selbstbewußt, weil sie unwissend sind; aber Unwissenheit kann keine Tugend sein. Wären sie sehend, würden sie zittern und zagen, und das wäre besser. Es ist besser, im Sehen schwach zu sein, als in der Blindheit stark, denn das Sehen kann wohl zur Kraft führen, die Blindheit aber nur zum Leiden.

*

Es scheint ein Widerspruch darin zu liegen, daß das Göttliche als Unendlichkeit und Mitte zugleich erfaßt wird; die erste dieser Bezeichnungen bezieht sich jedoch nur als Gegensatz zur Erdenschwere, zum Ich-Drang, zu allem, was innerhalb der Auswirkung bestimmbar, also endlich ist, aufs Göttliche; die andere Bezeichnung hat ebenfalls nur als Gegensätzlichkeit zur Welt Sinn, und zwar insofern, als diese als unermeßliches Sandmeer der Erscheinungen betrachtet wird. Die Mitte eines jeden Dinges ist eine Teilhaftigkeit an der unerschütterlichen göttlichen Mitte, doch zugleich eine scheinbare Verneinung derselben, so wie ein sichtbarer Gegenstand wohl eine Teilhaftigkeit am Lichte, aber gewissermaßen nur durch dessen Verneinung sichtbar ist, anders nichts sichtbar wäre als das Licht an sich und der Begriff des Sichtbaren hinfällig würde. Ebenso ist es mit der Mitte der Welt als Auswirkung, ob sie sich nun im sinnlich wahrnehmbaren irdischen Bereich als Schwerkraft, bei den Lebewesen als Begierde oder im weitesten Sinne als Form oder als Bestimmung überhaupt kundtue. Alles muß Mitte sein, denn nichts kann anderes sein als das Göttliche; die Welt ist ein Truggewebe, welches ein und dasselbe Bild in unerschöpflicher Mannigfaltigkeit der Beziehungen wiederholt, weil sie nichts anderes aussagen kann als das Einzige, Wirkliche. Jedes Ding ist dadurch, daß es ein Bild des Göttlichen ist, irgendwie Mitte, zugleich aber beiläufige Einzelheit, dadurch, daß es das Göttliche nicht sein kann. Um diese Wahrheit auf den Raum zu beschränken: Jedes Staubkorn ist Mitte des Weltalls, anders es nicht vorhanden sein könnte. Aber in Beziehung zu einem anderen Staubkorn oder zur Erde oder zur Sonne, insofern diese ihrerseits Mitte darstellen, geht das einzelne in der Bedeutungslosigkeit des Vielheitlichen unter. Diese eintönige Vielheit, wiewohl sie in der Welt die Ferne vom Göttlichen bedeutet, wie Einheit und Mitte das Göttliche selbst bedeuten, ist nun ihrerseits ein Offenbarwerden der göttlichen Unendlichkeit, weil sie nicht einmal das scheinbar Nichtgöttliche versinnbildlichen könnte, ohne selbst ein Sinnbild des Göttlichen zu sein.

*

Es gibt vier Ursachen der Versenkung ins Göttliche: Die Sehnsucht nach dem Geist, welcher Art auch die Umstände seien; die Notwendigkeit des Lebens vom Worte Gottes, sei die Sehnsucht danach vorhanden oder nicht; das Überwiegen der Reinheit im Menschen, sei das Leben vom Worte Gottes notwendig oder nicht; und das Göttliche an sich, ob die Reinheit im Menschen überwiege oder nicht.

Im ersten Sinne versenkt sich der Mensch ins Göttliche, weil seine Sehnsucht danach vorhanden ist, was sich ihr auch entgegenstellen mag; im zweiten Sinne versenkt er sich, weil er erkennt, daß er nicht vom Brote allein leben kann, daß ihm der Geist notwendig ist, welches auch die Neigung seiner Beschaffenheit sein mag; im dritten Sinne versenkt er sich, weil der Drang zum Göttlichen in ihm überwiegt, was er auch von der Notwendigkeit des Lebens vom Worte Gottes halten mag; im vierten Sinne versenkt er sich, weil seine letzte Ursache das Göttliche an Sich ist, wie sein Geist auch beschaffen sein mag.

Die vierte Ursache ist die tiefste Ursache der Versenkung, die alle anderen Ursachen in sich enthält; die dritte Ursache hingegen geht nicht mehr von der Betrachtung des Göttlichen, sondern von der Betrachtung des Menschen aus, dessen geistige Beschaffenheit als Ursache gilt; die zweite Ursache setzt die dritte voraus – und um so mehr die vierte –, indem sie die durch die geistige Beschaffenheit bedingte Erkenntnis des Menschen in Betracht zieht; die erste Ursache ist die verhältnismäßigste und setzt die zweite voraus; sie geht nicht mehr von der Erkenntnis, sondern lediglich von einer Folge der Erkenntnis aus und betrachtet diese Folge als Ursache der Versenkung.

Diese vier Ursachen der Versenkung bestehen insofern gleichzeitig, als die vierte die anderen drei in sich schließt und als die erste durch die anderen drei bedingt ist; ihre Berechtigung liegt in der mehr oder minder tiefen Betrachtungsweise, für die sie jeweils Geltung haben.

*

Die Welt hat eine dreiteilige Wurzel, sofern man sie als Gewirktes betrachtet, und eine zweiteilige, sofern sie als Wirkendes betrachtet wird: Im ersten Sinne ist sie Unwissenheit, Ohnmacht und Widersprüchlichkeit; Unwissenheit ist die Welt als Nichterkanntwerden; Ohnmacht als Nichtwirkungsfähigkeit; Widersprüchlichkeit als Zerspaltung; so ist die Welt unwissend, machtlos und zerspalten.

Im anderen Sinne ist sie Unwissenheit und Begierde; Unwissenheit ist die Welt, sofern sie Erkennen ist, also als Nichterkennen; Begierde, sofern sie Macht und Einheit ist, also als Ohnmacht und Zerklüftung. Sofern sie gleichsam als Leidendes betrachtet wird, besteht sie durch ihre Unkenntnis ihrer Wirklichkeit, welche Unkenntnis sich als Duldigkeit und Gebrochenheit, Zersetztheit kundtut; sofern man sie gleichsam als Handelndes betrachtet, ist sie Irrtum, weil sie nur durch den Verlust ihrer Wahrheit entstehen und bestehen kann, und Begierde, weil sie mit der Wahrheit auch die Einheit, den Einklang, die Vollkommenheit verlor.

*

Das Erfassen des Gedankens, daß die Welt nur ein Abglanz ist und alles in ihr nichts ist von dem, das unendlich in der Wirklichkeit – dieses Erfassen ist alles. Außerhalb seiner ist nur Leiden. Wer dies nicht erfaßt, leidet und wirkt Leiden.

*

Erkenntnis und Wille des Menschen zehren an der Welt und wirken Gedanken und Taten aus; oder die Welt zehrt an Erkenntnis und Willen des Menschen. In beiderlei Sinne steht im Mittelpunkte des Verhältnisses Hang zur Welt oder Furcht vor der Welt; für die Erkenntnis aber ist in jedem Dinge alles oder nichts, und es geht aus ihr kein Hang und keine Furcht hervor; für den Geist ist kein zureichender Grund vorhanden, daß Verstand und Wille an Erscheinungen zehren, noch daß Verstand und Wille von Erscheinungen verzehrt werden.

*

Der Mensch ist im Göttlichen; aber die Begierde entfernt ihn immerfort vom Göttlichen. Alles Tun drängt zum Göttlichen hin; aber die Erscheinungen bannen den Menschen immerfort in ihre Kreise. So ist der Mensch in einem Sinne ein Wesen, das fortwährend der nahen, anwesenden Wirklichkeit entrinnt, um sich in ihre gebrochene, buntschillernde Spiegelung zu werfen, deren Mannigfaltigkeit doch nur durch eine Verneinung und der daraus entstehenden Widersprüchlichkeit besteht; in einem anderen Sinne ist der Mensch ein Wesen, das der fernen, abwesenden Wirklichkeit fortwährend nachgeht, der Vielheit immer wieder in eine Einheit entflieht, damit hier sein Ich von den Widersprüchen frei werde und in Unendlichem aufgehe, aber immer wieder an die Grenzen dieser Einheiten stößt, welche nur Bestandteile der Vielheit und somit ihrerseits Widersprüche sind. Er entflieht dem Göttlichen und fällt dennoch ins Göttliche, sei's auch eine Wüste von Bruchstükken; er eilt dem Göttlichen nach und findet Es doch nie, es sei denn bruchstückweise. So liebt der Mensch die Erscheinungen einerseits, um sich der Wirklichkeit zu entziehen, und andererseits, um sich in die Wirklichkeit zu retten; so will er sich in der Vielheit ausdehnen, wie man Schätze um ihrer Mannigfaltigkeit willen liebt und durch sie reich wird, und will in der Einheit untergehen, wie man ein Weib um ihrer Einzigkeit willen liebt und durch sie arm wird.

*

Auf zweierlei Arten kann die Vernunft am Göttlichen teilhaben, im aufbauenden und im abbauenden Sinne, indem sie durch das Göttliche sich selbst erweitert und das Göttliche ausspricht, und indem sie durch das Göttliche sich selbst zersetzt und das Nichtgöttliche verschweigt.

Auf zweierlei Arten kann auch das Gefühl am Göttlichen teilhaben, ebenfalls bejahend und verneinend, indem es sich aufs Göttliche einstellt und vom Göttlichen aufgesogen, umgewandelt, umgewertet wird, und indem es sich vom Irdischen loslöst, sich in Beziehung zum Irdischen verneint.

Ebenso kann auf zweierlei Arten die Begierde am Göttlichen teilhaben: erstens, indem sie sich aufs Göttliche bezieht und in den göttlichen Willen eingeht und also durchgeistigt, bestimmt und übersetzt wird, und indem sie sich von der Welt abwendet und sich also verneint.

Die Vernunft hat an der Wirklichkeit teil durch Besinnung aufs Göttliche und Formgebung des göttlichen Lichtes; andrerseits durch Erkenntnis und Aufhebung ihrer selbst. Die Seele hat an der Wirklichkeit teil durch Drang zum Geiste und Abkehr vom Scheine, wobei auch die Seele in ihren Verkettungen mit der Welt von dieser Abkehr getroffen wird. Der Leib hat an der Wirklichkeit teil durch bejahendes Anklingen ans Göttliche einerseits, sei's durch Weihehandlung oder durch Verwirklichung des Schwingmaßes in Atem und Bewegung oder durch heiligen Tanz, und durch Verneinung des Leibes andererseits, durch Enthaltsamkeit und Kasteiung.

Als der Geist zu unterscheiden begann, wurde er unsicher, strauchelte und fiel; so entstand die Vernunft, die nichts anderes als unwissender Geist ist. Als die Vernunft unter dem Verschiedenen zu entscheiden begann, wurde sie Gefühl. Gefühl ist eine Art leidenschaftlicher Vernunft, denn es beruht immer auf Unterscheidung. Als das Gefühl zu wollen begann, wurde es Begierde, denn Begierde ist Gefühl, das der Wille belebt und aufbläht. Die Begierde stieß an die Erscheinungen und verwelkte in ihnen oder zerschellte an ihnen. Deshalb kann der Mensch wieder bis zum Geiste zurück, weil er Begierde, Gefühl, Vernunft und Geist ist, dies Letzte allerdings nicht mehr als

Mensch: Er kann seine Begierde aus den Erscheinungen reißen, sein Gefühl von der Begierde lösen, seine Vernunft vom Gefühle befreien; dann ist kein zureichender Grund mehr vorhanden, daß seine Vernunft im Zauber der Unterscheidung hängen und vom Geiste getrennt bleibe, und er wird zum Geiste emporgehoben, wie emporgehoben und verschwinden würde, was leichter wäre als Erde, leichter als Wasser, leichter als Luft, leichter als Feuer, und nichts anderes sein könnte als Äther.

*

Das Wesen geht zu den Dingen, denen es untertan ist; was dem Wesen untertan ist, kommt zu ihm. Wenn eins zum anderen geht, ist immer eins untertan und eins herrschend; was sich bewegt, tut's, als gälte es, eine Wallfahrt zu unternehmen, und was stillsteht, verharrt also, als empfinge es eine Huldigung. Das gilt vom Kleinsten bis zum Größten, von der Welt, die unaufhaltsam zum Göttlichen zurückfließt, welchen Zurückfließens alle Bewegungen bloße Spiegelungen in gebrochener Wirklichkeit sind. Und das gilt infolgedessen ebenso von jeglicher Körperbewegung, die immer unter dem Druck einer mehr oder minder bewußten, mehr oder minder begrenzten Bestimmung handelt.

*

Es gibt zwei Arten, die Welt zu überwinden, eine wahre und eine falsche. Die wahre versteht das Wesen der Welt und überwindet sie jenseits ihrer Grenzen, die falsche versteht nichts von der Welt und sucht sie innerhalb ihrer Grenzen zu überwinden. Die wahre Art sucht das Trockene außerhalb des Meeres am

Strande; die irrige Art sucht das Trockene im Meere, indem sie versucht, das Meer auszuschöpfen. Dieses ist der weltliche, gewöhnliche Glaube, jenes die geistige, vornehme Gewißheit. Daß aber ein ganzer Teil der Menschheit die irrige Art der Weltüberwindung als Ursatz aller Lehren und aller Einrichtungen, allen Trachtens und Handelns überhaupt anerkennt, das kann nur in diesem Zeitalter möglich sein, das immer unaufhaltsamer seinem Ende entgegengeht.

Die rechte Art ist vereinheitlichend, geistig, ins Innere zurückführend, Einklang wirkend; die falsche Art ist vervielfältigend, grobsinnlich eingestellt, ins Äußerliche hinaustreibend, Widerspruch wirkend. Die rechte Art beherrscht die menschliche Gesellschaft im Sinne dessen, was über sie hinausgeht, des Ewigen, welches ihre letzte Bestimmung ist; die falsche Art betrügt die Gesellschaft unter dem Vorwand ihres äußerlichsten, begrenztesten Wohlergehens, als ob der Mensch als solcher, und dabei noch in seinem vergänglichsten Teile, dem Leibe, seinen zureichenden Grund in sich selbst trüge und Maß und Ziel seiner selbst und aller Dinge sein könnte.

Was dem Menschen der rechten Art am entferntesten ist, das ist die Ergötzung der Sinne, die an ihm haften, um ihrer selbst willen; was dem Menschen der falschen Art am fernsten liegt, das ist das Opfer, wie jedes Tun, das keinen Sinn für die Erhaltung und Erweiterung des Truges hat.

Dadurch, daß alle Dinge, welche Bewegungen, große wie kleine, hervorrufen und bestimmen können, Spiegelungen des Göttlichen und nur als solche ermächtigt sind, Bewegungen auszulösen, ist die Ergebenheit an diese Dinge, die ihre Abhängigkeit vom reinen Göttlichen außer Acht läßt und um der Dinge selbst willen da ist, nichts anderes als Abgötterei und unterfällt demselben Gesetze wie diese. Einesteils sind die Sinnbilder gut, indem sie im sinnlichen Bereiche ans Übersinnliche anklingen, und wer es versteht, an Hand des Sinnbildlichen das Geistige zu erreichen, der ist kein Götzendiener; andernteils sind die Sinnbilder, seien es nun Bildwerke oder Worte oder Weihehandlungen oder Geschöpfe oder Nahrungen oder sonstige Erscheinungen, insofern schlecht, als sie vom Übersinnlichen ablenken und ans Sinnliche fesseln. In beiden Fällen ist aber nicht das, was einen Anblick des Göttlichen ausdrücken will, gut oder schlecht, sondern der Mensch, der solchen Ausdruck verwenden kann oder nicht. So sind keine Menschen Götzendiener wegen ihrer Sinnbilder, sondern sie können's, nur durch ihre Geistesverfassung sein. Wer seinen Glauben in Erscheinungen setzt, dient Abgöttern, wer aber ans Geistige glaubt, oder vielmehr vom Geistigen weiß, dient der Wahrheit – ob er sich nun zur Besinnung aufs Göttliche eines Sinnbildes bediene oder nicht, und welcher Art Sinnbild es auch sein mag.

*

Wir wollen; aber wir müssen verstehen, was wir wollen, und daß wir es wollen.

Wir verstehen; aber wir müssen wissen, was wir verstehen, und daß wir es verstehen.

*

Nie soll die Ungewißheit unserer äußeren, irdischen Wirklichkeit die Gewißheit unserer inneren, göttlichen Wirklichkeit beeinträchtigen. Denn je mehr wir wissen, daß wir einerseits in der unvollkommenen Welt unvollkommen sind, desto mehr sollen wir wissen, daß wir andererseits in der vollkommenen Wirklichkeit vollkommen sind; also werden wir auch in der Welt vollkommen sein.

*

Der Mensch ist ursätzlich mehr als die Erde; denn er geht auf ihr mit seinen Füßen. Also ist auch sein Geist mehr als die Welt; denn auch er geht auf ihr mit seinen Füßen. Jesus ging auf dem Wasser und wurde bei seiner Verklärung von der Erde gehoben; also kann auch der Geist auf den Wassern der Welt gehen und von der Welt gehoben werden.

*

Man sagt, es sei Selbstsucht, sich von der Welt befreien zu wollen; aber wer sich von der Welt befreit, der befreit zugleich die Welt von sich. Denn der Mensch ist nur Betrug, Anklage und Zerstörung; wenn er nicht nach seiner Befreiung trachtet, so dient er den Mächten der Verknechtung. Deshalb kann niemand der Welt einen besseren Dienst erweisen als den, sie zu überwinden, auf die Gefahr hin, der Selbstsucht geziehen zu werden. Aber gibt es denn eine größere Selbstsucht, als der Welt, die aus Selbstsucht gewoben ist, zu Diensten zu sein, und kann es selbstsüchtig sein, der Selbstsucht zu entrinnen?

*

Nichts wird ohne Opfer erlangt; die Erfüllung des geringsten Wollens ist mit Opfern verbunden; selbst wenn man nicht ersticken will, muß man noch atmen. Wer alles wollte, müßte alles opfern.

*

Alles, was der Mensch als solcher tun kann, ist: Verneinen und Verneinung bewirken.

*

Der Wille zur Wirklichkeit ist, sobald sie genügend begriffen wird, eine entschiedene Notwendigkeit, und keine Sache des Gutdünkens oder der Umstände. So unmittelbar und entschieden, als ein Mensch seine Hand aus dem Feuer zieht, sowie er es fühlt, so unmittelbar und entschieden zieht er seinen Willen aus der Welt, sobald er sie begreift.

*

Das Wesen macht vom frühesten Ursprunge bis zur Auflösung des Leibes das Geschick seiner ganzen Art und schließlich der gesamten Schöpfung überhaupt mit; so war die Weltschöpfung ein Losreißen wie die Geburt, und so versteht sich das Sinnbild des Nabels der Welt. So wie das Wesen, wird auch seine Art im engeren und weiteren Sinne und zuletzt auch die Schöpfung sterben, zerfallen, vergehen.

*

Die Erscheinungen sind falsch, weil sie aus der Welt kommen, und die Rückwirkungen auf die Erscheinungen sind falsch, weil sie aus dem Ich kommen.

*

Alles, was das Wesen tut, ist wie das Wesen selbst des Göttlichen teilhaftig; diese Teilhaftigkeit übersteigt jedoch das Wesen und umfaßt, ermöglicht seinen Willen, ohne ihn zu erfüllen. Wenn das Wesen sich dieser Teilhaftigkeit bewußt wird, will es auch als solches und innerhalb seiner Grenzen am Göttlichen teilhaben und bei jeder Handlung, ob innerlich oder äußer lich, oder welcher Art sie auch sei, die an sich wirkliche Teilhaftigkeit innerhalb seiner minderen Wirklichkeit entwickeln und wissen, inwiefern die jeweilige Handlung den letzten Ursätzen entspricht. Das ist besonders wichtig bei allen notwendigen, alltäglichen Verrichtungen des Lebens wie etwa beim Essen; wer nicht andächtig und gesammelten Geistes ißt und weiß, was er tut, der ist nur des Tierischen am Essen teilhaftig und nährt bloß seinen Leib und selbst diesen noch zum Schaden. Alles, das nicht im Sinne des Göttlichen getan wird, wird im Sinne des Unwirklichen, des Scheinbaren, des Trügerischen, des Fleischlichen getan und kommt dem Wesen nur auf ganz verhältnismäßige Art zugute, das heißt, im Grunde kommt es ihm gar nicht zugute.

*

Die Lust bannt Bewußtsein und Willen an einen Inhalt und läßt sie alles andere verachten; somit ist sie ein Sinnbild der reinen Freude, in der Bewußtsein und Wille ungeteilt liegen. Beim Genusse aber sind Bewußtsein und Wille von außen her durch den Glauben an einen Gegenstand, der von ihnen verschieden ist, gefesselt. Bei der reinen Freude dagegen erfüllen Bewußtsein und Wille ihre letzte Möglichkeit und Bestimmung, dadurch, daß ihr Verharren in Einem und ihre Verachtung all dessen, was nicht Gehalt ist, sich aus der folgerichtigen Vollendung, Vertiefung und Verursätzlichung von Bewußtsein und Wille selbst ergibt. Die Freude, die eine unter vielen ist, kann ein Erkennen und ein Wollen nicht anders in Anspruch nehmen als durch ihre Ausschließlichkeit, welche der übrigen Welt Unrecht tut. Die einzige Freude, davon alle Freuden bloße Sinnbilder sind, hat ihre Ausschließlichkeit in sich selbst, weil sie durch ihr Wesen reine Ausschließlichkeit ist. Göttlichem Bewußtsein und Willen ist es von selbst gegeben, nur sich selber zum Inhalte zu haben; daher die Sehnsucht des geminderten Bewußtseins und Willens nach Einheit und Ausschließlichkeit. Die größte Lust ist diejenige, welche keine andere zu Worte kommen läßt, und welche nichts vom Dasein anderer Lüste weiß, noch wissen will; kann dies aber bei Lüsten nur durch Unwissenheit, Aufruhr und Selbstverlust geschehen, so sind es Erkenntnis, Einklang und Selbstverwirklichung, die der Urfreude zugrunde liegen. Die Beweggründe zur Lust sind im Grunde unberechtigt, blind, gewaltsam; die Beweggründe zur Urfreude sind das Selbstgegebene, Ursprüngliche und Ewige an sich, sind selbstverständlich und bedürfen keines Inhaltes zur Rechtfertigung.

*

Die engere und weitere Umgebung, in welcher ein Wesen geboren wird, ist die Frucht seiner Taten, im tieferen Sinne also seiner selbst. Als Erscheinung ist das Wesen selbst eine eigene Frucht; also sind die Welt und das Ich zunächst das Gegebene, welche das Wesen als göttliche Bestimmung hinnehmen muß. Doch dieser Bestimmung gegenüber ist der Geist frei, und also kann er als Gedanke in dieses Gegebene einschneiden und dem Wesen einen Baum pflanzen, dessen Frucht es nach dem Tode sein wird. Das Wesen ist unfrei und frei zugleich, unfrei, sofern es von sich selbst, frei, sofern es vom Göttlichen ist.

*

Zweierlei Arten gibt es, den Irrtum der Erscheinungswelt aufzulösen: Erstens diejenige, welche die Erscheinungen auf ihren göttlichen Wirklichkeitsgehalt zurückführt und anhand der Erscheinungen nichts anderes als das eine, nichtunterschiedene, geistige, reine Göttliche sieht und erlebt und und sich selbst an Hand dieser vereinheitlichenden, durchdringenden, auflösenden Betrachtung nicht als einzelnes, Bestimmtes, Unterschiedenes, sondern gleichfalls zunächst als Sinnbild des Göttlichen und zuletzt als das alleinwirkliche Göttliche selbst erfaßt. Zweitens gibt es die Art, die Erscheinungen als solche, das heißt insofern, als sie unwirklich sind, zu betrachten und, die reine Wirklichkeit allein beantwortend, die verschiedenen, vereinzelten Aussagen der gebrochenen Wirklichkeit weder zu hören noch zu beantworten. Man kann nicht ausschließlich und vollends einer dieser Arten, die Scheinwirklichkeit zu überwinden, anhängen, weil jedes Wesen also beschaffen ist, daß es mit seiner vielgestaltigen Verwachsenheit mit der Erscheinungswelt rechnen muß und so wenig den Weg reiner Bejahung gehen darf, als es den Weg reiner Verneinung gehen kann. Jedoch muß jedes Wesen je nach seiner Beschaffenheit den einen oder den anderen Weg begehen.

*

Durch das Betrachten der Dinge als dasjenige, was sie an sich bedeuten, erkennen wir uns in den Dingen.

Durch das Betrachten der Dinge als dasjenige, was sie für uns bedeuten, erkennen wir die Dinge in uns.

Was uns von der Wirklichkeit trennt, ist die schwere Versunkenheit in unseren Traum, die Verdichtung und Verhärtung, das blinde geschlossene Geschwür unseres Ichs, unserer Welt.

Die Wirklichkeit strahlte durch eine Pforte; da wurde sie Sein. Von da an brach und spaltete sich ihr

Strahl immer mehr bis zum Dasein aller Dinge.

Was ist nun diese äußerste Gespaltenheit, Zerfaserung, Vielfältigkeit? Sie ist eine Betrachtung der Wirklichkeit ihrer selbst durch sich selbst, an Hand tausender Gestalten und durch tausend Augen.

Es ist diese Betrachtung nichts anderes als die Wirklichkeit. Was wir sehen und was sieht, ist Wirklichkeit. Was beunruhigen sich da die Wesen, als gäbe es anderes als Wirklichkeit?

Wie die Wirklichkeit durch die Pforte des Seins ging und zerbrach, so muß ihr Splitter zu dieser Pforte zurück und zerbrechen. Denn wenn es nichts gibt als Wirklichkeit und in der Täuschung nur weniger liegt als in der Wirklichkeit, während alles, was in der Täuschung bejahend vorhanden ist, unendlich mehr in der Wirklichkeit liegt, und wenn sich die Täuschung durch nichts von der Wirklichkeit unterscheidet und sich durch nichts vor ihr auszeichnet, denn durch Leiden – was lassen sich die Wesen noch durch die Täuschung beunruhigen? Was verlieren sie noch an sie ihre Gedanken, die doch nichts sind als Auswüchse ihrer Unwissenheit und, je besser sie der Täuschung dienen, desto mehr von der Wirklichkeit entfernen?

Wenn man ein Gut ersehnt, ersehnt man die Wirklichkeit, aber man weiß es nicht, sonst ersehnte man nicht das Gut.

*

Das Licht befiehlt schweigend, nur die Finsternis überredet.

*

Ein Weniges kann man nur mit kleinem Willen wollen, alles nur mit allem Willen.

*

Jugend ist Glaube ans Unvollkommene, Mannheit ist Drang nach Vollkommenheit.

*

Der Mensch handelt um eines Zieles willen; zugleich glaubt er an ein Ziel, um zu handeln.

Der Mensch liebt um des Guten und Schönen willen; zugleich glaubt er ans Gute und Schöne, um zu lieben.

Er handelt, weil der den Sinn seines Daseins verloren hat; er sieht diesen Sinn in tausend Splittern um sich liegen und zuckt danach, ohne zu wissen, daß sie der zersplitterte Sinn seiner selbst sind, den er in sich trägt, verborgen, vergessen, verloren.

Er liebt, weil er der Freude seines Daseins verlustig gegangen ist, seines Daseins, welches Gott war, als es noch seinen Sinn und seine Freude hatte.

Er liebt, es mit buntem kleinem Getier zu spielen, aber er will nicht, daß es ihm über den Kopf wachse und ihn verschlinge.

Er liebt es, süßen Wein zu trinken, aber will nicht von bitterem Gifte verbrannt sein.

Wer aber jenes will, will auch dieses. Wer dieses fürchtet, muß auch jenes fürchten. Wer von keinem Felsblock zermalmt sein will, darf nicht mit Kieselsteinen spielen.

*

Lebensweisheit ist: In den Erscheinungen ihre Ursachen und ihre Folgen sehen – in den Ursachen die Folgen und in den Folgen die Ursachen.

*

Jede Stunde hat ihr Gesetz. Jeder Tag ist ein Haus, das seines Grundsteines bedarf.

*

Wer wegwirft, an dem er hängt, von dem fällt, das ihn bindet.

*

Wer mit viel Licht den Weg zum Letzten nicht finden will, der muß ihn mit wenigem finden.

*

Wer das Göttliche sucht, muß dort seine Heimat suchen, wo er seinen Willen zerbricht für den göttlichen Willen.

*

Das Wollen nährt die Eindrücke, die Erkenntnis verbrennt sie.

*

Was wir um der reinen Wirklichkeit willen überwinden, dem sind wir näher, als es sich selbst ist.

*

Dem freien Willen ist kein Ding unmöglich. Frei ist der Wille, wenn er leer ist.

Der freien Erkenntnis ist kein Ding verborgen. Frei ist die Erkenntnis, wenn sie leer ist.

Auf was der Trug wirkt, kann die Wirklichkeit nicht gleichzeitig und in derselben Beziehung wirken.

Wer nicht Gebrochenes zum Gegenstande seines Willens macht, der verwirklicht den grenzenlosen Willen; wer nicht Gebrochenes zum Gegenstande seiner Erkenntnis macht, dessen Erkenntnis wird grenzenlos, denn sie wird die Erkenntnis an sich, die von Ewigkeit war. Der gebrochene Wille ist wie Wasser, das über die Erde fließt und versiegt; dem reinen Willen, welcher der ganze Wille ist, gleicht der alldurchdringende, reglose Äther. Die gebrochene Erkenntnis ist wie Feuer, das sich an Stoffen verzehrt. Der reinen Erkenntnis, welche die ganze Erkenntnis ist, gleicht wiederum der unzerstörbare Äther.

Der Wille ist frei. Die Erkenntnis ist frei. Sonst gäbe es weder Wille noch Erkenntnis. Zugleich sind Wille und Erkenntnis aber gebunden; sonst könnten weder Wille noch Erkenntnis einen Gegenstand haben, sondern wären gleich der göttlichen Allmacht und Allwissenheit, die ihren Gegenstand in sich selbst hat und in sich vollendet ist.

Rechte Erkenntnis und rechter Wille bewirken rechte Tat; unendliche Erkenntnis und unendlicher Wille sind vollendetes Nichtsein.

Oben Erkenntnis, unten Traum; oben Wille, unten Begierde. Überwundener Traum wird Erkenntnis; überwundene Begierde wird Wille.

Traum und Begierde streben ins Ungewisse, Haltlose; Erkenntnis und Wille streben zu sich selbst zurück.

Dies sind die zwei Wege zur Verjüngung im Geiste: Berührung mit dem sinnbildlich im Endlichen enthaltenen Unendlichen; Berührung mit dem reinen Unendlichen jenseits der endlichen Hülle.

Erkenntnis und Wille bilden sich an dem, was sie sich zum Gegenstande machen.

*

Nur wer die Gegenwart beherrscht, hat die Zukunft; denn die Zukunft hat man erst, wenn sie Gegenwart ist.

*

Seitdem der Mensch Eden verlor, ist er immerfort auf der Suche; das ist der Ursprung der Begierde. Er sucht niemals anderes als Eden und findet niemals anderes als dessen gebrochenen Widerschein, dessen jeweilige Freudemöglichkeiten sich nur unter Ausschluß zahlloser anderer Freudemöglichkeiten verwirklichen können und, da sie nur Widerscheine und nicht das wahre Eden sind, zu Leerheit und Begrenzung führen.

Außerhalb Edens gibt es nur ein Glück, den Willen, das Glück im Geist zu überwinden und also seine letzte Möglichkeit zu erfüllen.

*

Die menschliche Freude ist ein Aufwallen, hat einen Anfang, einen Höhepunkt und ein Ende; sie erzeugt eine Rückwirkung; sie ist von äußeren Umständen abhängig, ist Rückwirkung an sich. Aber im Innersten jedes Wandelbaren wohnt die geistige Freude, die göttliche, reine – ohne Anfang und Ende, ohne Rückwirkung, still wie ein regloser Bergsee, ewig, selbstherrlich, Ursache allen Geschehens. Niemand kann mehr suchen, niemand mehr finden als sie; denn nichts ist mehr denn sie, die in sich Gekehrte, ewig sich selbst Wiederholende, augenlos Allschauende, ohrenlos Allhörende, stimmlos Allsprechende, körperlos Allfühlende, von keinem Lichte, von keinem Klange, von keiner Tat, von keinem Gefühle berührte Freude.

Kasteiung ist nicht ein Mittel, Freude hervorzurufen, sondern ein Weg, sie nicht zu hindern. Freude kann man in nichts Greifbarem finden, sondern nur in ihr selbst. Die Freude kommt nicht zum Menschen, er kommt zu ihr. Die Freude ist da; was vorhanden ist, kann man nicht erzeugen. Man kann auch Freude nicht aus diesem oder jenem Grunde suchen, noch mit anderen Bedingungen verknüpfen, die unter die Grenzen des menschlichen Verstandes fallen; man schaut sie und geht in sie ein; wer nicht in sie eingeht, schaut sie nicht. So wenig, als die Sonne sich daran kehrt, was sie bescheine, so wenig kehrt sich die Freude daran, was sich aus ihr erschaffe.

Wer die göttliche Freude, die Unzerstörbare, Ungeborene, gefunden, den berührt nichts anderes mehr, denn sein Herz liegt im Sein, und außerhalb des Seins als solchem ist nichts anderes als geminderte Freude.

Die Freude ist Gnade; wer sie ergreifen will, verliert sie.

*

Jeder Mensch ist einsam, vor Gott wie vor der Welt. Der Mensch hat nur ein Ich, ein einziges Ich, und dieses ist einsam im ganzen Weltall. Hat er dieses Ich durchschaut, hat er seine Mitte und somit die Mitte eines jeden Ichs gewonnen und ist nicht mehr einsam.

*

Wäre keine unbedingte, durchaus selbstherrliche Erkenntnis, gäbe es überhaupt keine Erkenntnis, weder durch den Geist noch durch die Sinne. Wäre keine unbedingte, durchaus selbstherrliche Macht, gäbe es überhaupt keine Macht; dasselbe gilt von allem Bejahenden, von der Wirklichkeit, von der Macht, von der Güte, der Schönheit, der Freude.

Alles Begrenzte muß jenseits seiner selbst in unendlichem Maße und auf unendliche Art und Weise da sein; denn zu behaupten, es gäbe kein Unendliches, hieße: Das Endliche habe keinen zureichenden Grund.

*

Nichts rührt den Mann wie Schönheit und Unschuld, deshalb liebt er das Weib. Nichts erfüllt das Weib wie Geist und Kraft, deshalb liebt es den Mann.

Männliches und Weibliches waren in einem Wesen verbunden, und dieses Wesen betrachtete sich selbst; dann zerfiel es und setzte seine Selbstbetrachtung nach außen hin fort, und aus diesen freudigen und schmerzlichen Zuckungen zweier lebendiger Teile entstanden die Lebewesen, deren Zuckungen sich fortsetzen in stets sich vermehrender, stets sich neu wiederholender, nie sich beschließender, nie sich erlösender Ohnmacht.

Mann und Weib waren eins, und dieses Eine war versunken in seine eigene unerschöpfliche Liebesfreude; seine Frucht war seine anfang- und endlose Liebe, die ohne Dauer, ohne Ausdehnung war. Als dieses Eine in Mann und Weib zerfiel, da zerfiel auch seine Liebe und deren Frucht in werdend und vergehend, endlos sich Wiederholendes endlos sich Vervielfältigendes, endlos Gläubiges und Enttäuschtes, endlos Lüsternes und endlos Leidendes.

Der geistige Mensch trägt in sich die Vollkommenheit des Geistes und der Kraft und die Vollkommenheit der Schönheit und der Unschuld; also schließt er in sich den Ring des Männlichen und Weiblichen und ist wie der erste Mensch, bevor das Weib aus ihm genommen und geschaffen war.

Die Männer sind wie Licht, wenn es auf keine Gestirne fällt und durch das Leere irrt; und die Frauen wie Gestirne, auf die kein Licht fällt und die im Dunkeln bleiben; aber der geistige Mensch ist wie das Gestirn, das von seinem eigenen Lichte leuchtet.

Die nach außen gekehrte Liebe des zerfallenen Urwesens ist nicht dieselbe wie die ungeteilte, in sich selbst versunkene Urliebe; denn diese war der Einklang an sich, während die Geschlechterliebe nur ihr gebrochener Nachklang ist, der die Schrankenlosigkeit der Urliebe nur in der vorübergehenden Geschlechterberührung erreicht. Aber deshalb, weil diese Geschlechterliebe eine auswärts sich auswirkende, keine innerlich im Geiste vollendete Liebe ist und das Gesetz der äußeren Auswirkung Teilung zur Folge hat, kann aus der Liebe, deren Ebene die der Teilung unterstellte Auswirkung ist, nichts anderes als Teilung bis ins Endlose entstehen, während die Wirkung der Urliebe innerhalb ihrer selbst lag in ihrer reglosen Vollkommenheit.

Die Urliebe ist nur verloren, sofern wir sie im Sinne unseres Verlustes betrachten und durch den Schleier unserer im Zeitlichen befangenen Unwissenheit; im Licht der reinen Geistigkeit jedoch besitzen wir sie ewig und kehren in ihren Zustand zurück, der sich nie verändert hatte. Denn nur unser Herz entfernte sich von ihm und vergaß ihn, er jedoch blieb in der Tiefe unseres Wesens, und wir bleiben mit der Tiefe unseres Wesens in ihm.

Des lebenden Wesens Liebe wirkt sich nach außen

aus, weil es nicht weiß, daß die ewige Liebe in ihm liegt. Das Wesen liebt andere Wesen, weil es nicht weiß, daß andere Wesen nur wandelbare Erscheinungen seines eigenen inneren Gehaltes sind, es nichts lieben kann als sich selbst und dasjenige, was es liebt, in ihm selbst wirklicher, näher enthalten ist als in der Außenwelt und alles in ihm selbst unermeßlich und unvergänglich ist. Das Wesen liebt nach außen hin, um sich selbst zu entrinnen, und kann doch nichts anderes, als sich selbst lieben; deshalb liebt, wer dies weiß, nichts mehr um des Besonderen willen, sondern, sich abwendend von sich selbst in den Erscheinungen, wird er der vollkommenen Liebe inne, deren Liebendes eins ist mit dem Geliebten und die geschlossen und vollkommen ist wie ein Ring.

*

Die Gebetsstellung bezeugt äußerlich die Erfaßnis und erleichtert innerlich die Erfaßnis.

*

Die Kleingläubigkeit oder Mittelmäßigkeit besteht darin, mit Notwendigkeiten, die das Menschliche übersteigen, in Unterhandlung zu treten, mit ihnen zu markten, sie nicht ihrem Gewicht entsprechend, sondern wie menschliche Angelegenheiten zu behandeln. Höhere Notwendigkeiten sind solche, die das Menschliche verneinen wie das abrahamische Opfer oder das Leiden Jesu. Denn das Höhere, Ursätzliche hat sich nicht mit dem Untergeordneten, Zufälligen auseinanderzusetzen, es rechtfertig sich vor sich selbst und geht über das einzelne, Verhältnismäßige, Hinfällige hinweg, geschlossenen Auges, aber hellsehend – das Wissen nicht vom Tatsächlichen, sondern vom Höheren, Ursätzlichen ableitend.

*

Der Befehl beruht auf Ursätzlichkeit und ist deshalb rechtmäßig, nötigend, zwingend; der Gehorsam beruht auf der Erkenntnis der Rechtmäßigkeit, nicht auf dem Verständnis dessen, was vom Rechtmäßigen kommt. Die bedingungslose Ergebenheit des geistigen Menschen in das Göttliche beruht auf seiner Verbundenheit mit dem göttlichen Willen, nicht auf erwägender, begrenzter und begrenzender Vernunft; denn diese kann keine Ergebenheit hervorrufen. Der geistlose Mensch erwägt alles, nur nicht seine Begierden; der geistige Mensch erwägt nur, was ihm untertan ist. Früher tat sich das Geistige nur durch Befehl kund; jetzt muß es sich vor der Unwissenheit auseinandersetzen, bis zur Stunde, da es die Unwissenheit und die Welt verbrennen wird.

*

Alle Dinge rinnen sich aus; alles geht durch alles hindurch, bis zum jüngsten Tage, bis zum Zerplatzen des bis zum Äußersten geschwollenen Irrtums – der Verkehrtheit, der Widergöttlichkeit, der Verwirklichung ungeistiger Möglichkeiten.

Man weiß nicht mehr, was Geist ist: daß Geist Erkenntnis des Göttlichen und also Einheit mit dem Göttlichen bedeutet. Man sieht in der Vernunft, im bruchstückhaften Sinnbild des reinen Geistes einen Selbstzweck, man geht nicht über sie hinaus. Das durch diese Vernunft erreichte Wissen ist nicht einmal in seinem eigenen Ursatze vollendet; es weiß und kann gar nichts im Verhältnis zu dem, was zu wissen und zu können es sich zum Daseinszweck macht, da sein Gebiet und seine Wege ins Uferlose, ins Sinnlose führen.

*

Erkenntnisse lassen sich nicht festhalten, so wie man Geld vergräbt und darauf schläft; sucht man ihren Folgerungen zu entrinnen, erstarren die Erkenntnisse zu Abgöttern, entziehen ihren Ausdrucksformen den belebenden Geist und werden wirkunfähig wie überlebte Gebräuche.

*

Ein Mensch ist wenig, weil es viele Menschen gibt; er wird nur durch das Einzige groß unter den Menschen.

Einige wollen übermenschlich sein, weil sie denken, die Menschen seien menschlich; andere wollen menschlich sein, weil sie denken, die Menschen seien unmenschlich.

*

Wo für die einen Tag ist, da ist für die anderen Nacht; auf was die einen hören, dafür sind die anderen taub. Die einen erhellen sich die Nacht mit großen Feuern, darinnen sie verbrennen, ehe es Tag wird; die anderen begnügen sich mit einem kleinen Licht in der Gewißheit des kommenden Tages. Nach dem Worte: Selig sind, die nicht sehen und doch glauben.

*

Das Übel der Welt ist das Wahrzeichen der Welt, ist die Welt selbst. Wäre kein Übel in der Welt, so wäre sie nicht die Welt, sondern Gott.

Die Welt ist ein unaufhörlicher Wandel, eine stetige Unfolgerichtigkeit, Unentschiedenheit, Widersprüchlichkeit; sie ist ein Gewebe zielloser Rückwirkungen.

Am Wege anderer soll jeder seinen Weg entdecken. Jeder ist einsam, keiner kann für einen anderen erkennen und wollen; keiner kann seinem Wege ausweichen, es sei denn, er wolle alles verlieren.

Die Seele des gebrochenen Wesens ist eine Zwangsvorstellung, sein Weltbild ist verengt und verdüstert. Im Menschen ist alles gebrochen, gemindert, verwirrt. Jedes seiner Gefühle ist ein Durchbruch und eine Unfolgerichtigkeit, weil er sich doch nicht hindern kann zu erkennen; jeder seiner Gedanken ist ein ohnmächtiges, blindes Tasten an der Wirklichkeit; und sein Wollen ist sinnlos und verhöhnt ihn, solange es das seinige ist; ist es aber gegen sein eigenes Irren gerichtet, ist es schon nicht mehr sein Wollen.

Der geistige Mensch tut dasselbe wie alle Menschen, nur weiß er, was er tut. Kein Mensch kann anderes tun, als das alle tun; wer wähnt, anderes tun zu können, betrügt nur sich selbst und tut doch dasselbe wie alle. Die meisten wissen nicht, was sie tun, denn sie verwechseln das Sinnbild mit dem Wirklichen und kennen dabei weder dieses noch jenes.

Alle suchen das verlorene Eden; niemand kann anderes tun. Früher dachten und handelten die Menschen, jetzt träumen und irren sie.

Nur der Sichere kommt zur Gewißheit, nur der Sehende kommt zum Licht, nur der Weise kommt zum Wissen, nur der Starke kommt zur Kraft. Alle wären sicher, sehend, weise und stark, wenn sie wüßten, daß sie es sind; denn das Bejahende, Ganze allein ist wirklich.

Die Wirklichkeit ist das Urwunder; wer im Sterben läge und sähe sie, stünde auf wie neugeboren. Wer sie kennte, der könnte das Weltall vernichten und neu erschaffen; aber er täte es nicht.

*

Das Göttliche muß über den Menschen kommen wie der Tod, als eine Macht, welche Besitz von ihm ergreift; wäre dem nicht so, nähme der Tod dem Menschen auch das Göttliche.

*

Wie immer wieder heranrauschende Meereswogen, so soll der Gedanke im Menschen immer wiederkehren: Daß alles, was in der Welt ist, im Göttlichen vollkommen und unendlich ist; daß das Göttliche die letzte Ursache der Welt ist und die Ursache mehr Wirklichkeit besitzt als ihre Wirkung; und daß das Göttliche in uns ist, dieweil wir im Göttlichen sind, und daß also alles, was uns umgibt und was wir lieben, weil es bejaht, vollkommen und unendlich in uns ist.

Rechtes Denken entsteht dadurch, daß die Wirklichkeit sich im Bewußtsein spiegelt; daß das Bewußtsein die günstigen Bedingungen enthält, damit eine solche Spiegelung möglich sei. Sind diese durch die Teilhaftigkeit des Bewußtseins am göttlichen Geiste günstigen Bedingungen nicht vorhanden, so zerbricht, verzerrt, verkehrt sich im Bewußtsein das Spiegelbild der Wirklichkeit, oder es wird trübe und dunkel wie Schatten, Rauch und Nebel. Alles menschliche Fehlen rührt daher, daß man eine Grundwahrheit nicht erfaßt, daß das Bewußtsein zu schwach geworden ist, um das Lichte, das Klare, das Eindeutige zu erfassen.

Das können die Menschen am wenigsten verzeihen, daß man nicht betrogen sein will sie.

*

Man erweist einem Menschen Ehre, wenn er anwesend ist. Das Göttliche ist allgegenwärtig, und selten antwortet man auf seine Gegenwart. Man antwortet eher seinem unwirklichen Abglanz, dem Menschen, dessen Herrlichkeit doch nur ein Teilhaben an der göttlichen Herrlichkeit ist.

Die Welt ist eintönig. Ob wir aus irdenen oder goldenen Kelchen Wein trinken, ist ein und dasselbe. Was uns die Welt anbietet, ist äußerlich mannigfaltig, innerlich aber einerlei; was uns der Geist bietet, das mag äußerlich einerlei sein, innerlich aber ist es schrankenloser und unerschöpflicher als die bloße Vielheit und Unterschiedlichkeit der Welt.

Jede Bewegung ist eine Bewegung zur Mitte und eine Flucht vor der Mitte zugleich; jeder Wechsel wird durch die Anziehungskraft der Mitte hervorgerufen; denn nichts übt Anziehungskraft aus, ohne mehr oder minder entfernte Teilhaftigkeit an der Mitte; zugleich geschieht auch alles durch Entfernung von der Mitte. Was im Ursatz Mitte ist, ist unbestimmtes Leeres in der Auswirkung und umgekehrt. Die göttliche Urmitte ist nicht in der Auswirkung; ihr Widerschein in der Auswirkung, etwa das Ich, ist nicht im Ursatze. Wer von der ursätzlichen Mitte angezogen wird, flieht die ausgewirkte, gebrochene Mitte, flieht sich selbst. Wer von der ursätzlichen Mitte nicht angezogen wird, flieht sie und irrt in der Auswirkung ruhelos von Mitte zu Mitte, keine haltend, von keiner gehalten, unaufhörlich vom Zauber der Scheinwelt berührt, in ziellosem Kreislauf Lust und Leiden, Geburt und Tod untertan; in diesen Zweiheiten tritt wiederum die Unterscheidung von Urmitte und Gewebe gebrochener Scheinmitten zutage. Einem von beiden muß das Herz zuletzt anheimfallen; entweder es wird, sinnbildlich gesprochen, letzten Endes von der geistigen Sonne, die über uns ist, emporgehoben und aufgesogen, oder es wird von der Erde, die unter uns ist, verschlungen und erdrückt.

*

Ein Endliches kann ebensowenig ohne die Unendlichkeit da sein als ein Staubkorn ohne den grenzenlosen Raum.

Wir kennen die Welt; aber wir kennen ihren letzten Ursatz, den Ursatz an sich, nur als Verneinung im Verhältnis zur ausgewirkten Fülle. Wir wissen, daß wir selbst notwendige Bestandteile zum Gleichgewicht der Welt sind, daß wir sein müssen, was wir sind, daß wir als mittlere, innerliche Ausgangspunkte der Welt an ihrer Verhältnismäßigkeit teilhaben und das Unbedingte allein im Geiste ist.

*

Der Raum ist eine Auswirkung, ein Sinnbild des unbegrenzten göttlichen Möglichkeitsbereiches. Die Bewegung entsteht aus dem Drange, der räumlichen Begrenzung zu entrinnen; die Körper entstehen gemäß dem Verdichtungsgesetze im stofflichen Wirkungsgebiete. Die Ungeistigkeit und Edenferne der körperlichen Begrenzung tut sich durch die Schwerkraft kund, die den Leib hindert, alle Möglichkeiten des Raumes zu genießen. Der Leib ist Fülle; seine Fülle beschwert, bindet, begrenzt ihn und verursacht ihm Lust und Leiden; daher ist alle Bewegung Sehnsucht und Leerheit. Die Leerheit ist aber ein bloßer Begriff, keine Tatsache, denn wäre sie vorhanden, machte sie den ganzen Raum zunichte; sie wäre die Gesamtheit und der Gehalt aller Raumesmöglichkeiten. Alle Bewegung ist Drang und Auflösung der Verdichtung, durch welche sich jedes Ding und Wesen um eine Mitte, einen Kern, und wie ein Weltgebäude um eine Sonne bildet. Es kann gesagt werden, daß Ausdehnung und Schwere insofern ursächlich zusammenhängen, als der Drang, die Möglichkeiten des Raumes zu erschöpfen und also den Raum zu überwinden, zur Ausdehnung ruft, wobei aber dieses Entfalten der Ausdehnung gleichsam als Gegengewicht ein Zunehmen der Schwere zur Folge hat, welches Zunehmen denn auch bekundet, daß der Raum nicht die göttliche Allmöglichkeit, sondern bloß eines ihrer Sinnbilder ist. So ist auch hier wieder die ausgewirkte Bejahung durch eine Verneinung gleichzeitig bedingt und widerrufen. Wie die Auswirkung an sich eine Zersetzungweise und ihr Inhalt zersetzte Wirklichkeit ist, also enthält auch der Raum als Widerschein der Auswirkung einesteils die endlose Vervielfältigung, andernteils die endlose Teilung – einesteils den Drang von der jeweiligen Mitte weg ins Grenzenlose und somit die Ausdehnung, andernteils das Haften an der jeweiligen Mitte und somit die Schwere; einesteils das freudige Ausströmen ins Schrankenlose, andernteils den schmerzlichen Druck ins Begrenzte; einesteils die irrtümliche Herausforderung der Unendlichkeit, andernteils deren Antwort durch die Ohnmacht, welche der Herausforderung innewohnt und sie gleichsam von außenher zurückstößt. Wäre der Raum eine Bejahungsweise, müßte ihn sein Inhalt ganz erfüllen, abgesehen davon, daß eine Art und Weise immer bestimmend, also verneinend ist; da der Raum als besondere Daseinsbedingung verneint, kann sich in ihm die Bejahung nicht restlos aufrechterhalten und wird aufs Mannigfachste zersetzt.

In Wirklichkeit kann gesagt werden, daß sich das Göttliche in der Mitte befindet; aber in der Auswirkung ist das Innere nach außen gekehrt, und die Mitte der ausgewirkten Welt, von welcher der Raum ein Widerschein ist, zerteilt sich in zahllose Bewußtseinskerne, in deren Grund der eine Geist wiederum zur göttlichen Mitte führt.

Im Raum ist nicht die Wirklichkeit, denn er erzeugt nur Zwiespalt und Widerspruch und bejaht nur deshalb, weil, da die Wirklichkeit reine Bejahung ist, keine reine Verneinung sein kann. Alles, das vom Raum gesagt werden kann, hat auch eine großweltliche und eine geistige Bedeutung.

Ähnliches kann von der Zeit gesagt werden und von der Form, von der Zahl, vom Leben.

*

Was im Leben wandelbar ist, kann als Wandelbares nicht eins mit dem Unwandelbaren werden; was im Wesen unwandelbar ist, das ist dadurch eins mit dem Unwandelbaren. Die Unwandelbarkeit des Wesens – welche nur aus sprachlicher Not heraus dem Wesen zugesprochen werden kann – ist wirklicher als des Wesens Wandelbarkeit und ist in ihrem letzten Gehalt nicht einmal mehr wirklicher, sondern unbedingt alleinwirklich; wirklicher ist sie, da das Wesen seine Wandelbarkeit vom Unwandelbaren bezieht und ohne dieses nicht einmal wandelbar sein könnte. Es kann sich für das Wesen nicht darum handeln zu werden, was es nicht ist, sondern ausschließlich darum, sich dessen bewußt zu werden, was es ist. Dieses Innewerden geschieht durch die Berührung des Bewußtseins mit dem Unwandelbaren, was ursätzlich eine aufs Unwandelbare eingestellte Beschaffenheit des Bewußtseins voraussetzt und tatsächlich eine Verursätzlichung der Bewußtseinsinhalte, eine Verbrennung des Stofflichen durchs Gehaltliche, eine Aufsaugung des Ausgedehnten durch den Punkt bedeutet.

*

Erkenntnis ist Berührtwerden von Wirklichkeit, innere Rückwirkung auf Wirklichkeit; Erkenntnis ist ein Innewerden, eine Art Nahrungs- und Verdauungsvorgang des Bewußtseins. Es gibt weder Erkenntnislosigkeit an sich, noch Unwirklichkeit an sich; denn das Göttliche ist Erkenntnis und Wirklichkeit und kann sich nur gemindert kundtun, nicht aber durch eine Kundgebung verneint werden, deren Ursprung ein anderer als ein göttlicher wäre. Es gibt nur mehr oder weniger reine Erkenntnis und Wirklichkeit, welche aber, sowie sie nicht die reine und ganze Erkenntnis und Wirklichkeit, sondern eine gebrochene ist, in keinerlei Vergleichsverhältnis zur Erkenntnis und Wirklichkeit an sich steht. Man kann zur Rechtfertigung der Begriffe die Wirklichkeit als Inhalt der Erkenntnis bezeichnen und ebenso gebrochene Wirklichkeit als Inhalt gebrochener Erkenntnis.

Die Möglichkeit des Erkennens ist unbestreitbar; als Zuerteilung, als Fähigkeit mag das Erkennen Einbuße erleiden; an sich aber unterliegt es keinen Begrenzungen. Die Erkenntnis als geistiger Ursatz ist unbedingt, unmittelbar; wir sind nichts anderes als gebrochene Erkenntnis; wir erkennen mehr oder weniger, im Sinne der Menge wie im Sinne des Gehaltes, aber das Wesen des Erkennens bleibt sich gleich. Die reine, göttliche Erkenntnis, das Urbild dessen, was wir im verhältnismäßigen Bereiche Erkenntnis nennen, ist reine, göttliche Wirklichkeit; denn die reine, völlige Erkenntnis ist eins mit ihrem Inhalte, der reinen, völligen Wirklichkeit, und diese Zweiteilung in eine innere und äußere Gegensicht des Seins oder des Seienden ist eine bloß gedankliche Formel, die wir, vom Gebiete des Verhältnismäßigen und Unterschiedlichen ausgehend, vergleichsweise auf dessen Urbild anwenden können.

Was wir von Dingen oder Sachbeständen aussagen

können, ist nur ein Schlüssel zur Wirklichkeit dieser Dinge und Sachbestände und zur Wirklichkeit überhaupt und kann nur infolge und innerhalb einer Widersprüchlichkeit, Unrichtigkeit oder falschen Voraussetzung Geltung haben. Im Grunde gibt es keine Wirklichkeiten, keine wirklichen Dinge, denen Gedanken und Bestimmungen entsprechen können, sondern nur die eine Wirklichkeit, von welcher alle Minderungen, alle Daseinsverhältnisse nur bedingte Übersetzungen, so wie Gedanken Spiegelungen verhältnismäßig ungebrochenerer Wirklichkeit sind. Das Wirklichere, um so mehr das Wirkliche, steht durch seine ungeteilte Alleinherrlichekit so hoch und fern über seinem Ausdruck wie das Ursätzliche über dem einzelnen; dieses hat seine ganze Bedeutung in jenem, jenes dagegen steht in keinem Verhältnis zu diesem, so wenig, als das Licht Beziehungen zu den Gegenständen hat, die es beleuchtet, oder die Zahl zu den Gegenständen, die sie vervielfältigt. So hat der Gedanke, die begriffliche Bestimmung, an derselben zwiefältigen Bedeutung teil wie die Welt und alles, was sie enthält, indem er durch seine begriffs- und seinsrichtige Verknüpfung mit reinerer oder schlechthin reiner Wirklichkeit einerseits und mit getrübter Wirklichkeit andererseits im ersten Sinne unwirklich und sinnlos, im anderen Sinne wirklich, bedeutsam und also Schlüssel zur Wirklichkeit ist.

Die Erkenntnis als solche ist immer mehr als das, was sie erkennt; die Wirklichkeit als solche übersteigt immer das, durch das sie erkannt wird.

Man kann nicht ein Nahes und ein Entferntes zugleich wahrnehmen, mit gleicher Deutlichkeit und auf gleicher Sehfläche; man kann nicht das Gewebe eines Schleiers, der das Auge überdeckt, und zugleich den Ort betrachten, wo man sich befindet. Man kann nicht gebrochene und reine Wirklichkeit zugleich erkennen, noch von gebrochener und reiner Erkenntnis zugleich erfüllt sein – gemäß dem Worte: Niemand kann zweien Herren dienen, entweder er wird den einen hassen und den anderen lieben, oder er wird dem einen anhangen und den anderen verachten.

*

Das Sein ist wie ein Meer, und dessen Wasser sind also aus Allwissenheit und Allmacht geschaffen, wie irdischen Wasser aus Sauerstoff und Wasserstoff besteht. Auf diesem Meere schwimmen die Welten und Wesen wie Staubkörner. Die Dinge, welche uns das Dasein ausmachen, sind nur insofern für uns vorhanden, als wir ihnen unsere Aufmerksamkeit zuwenden und sie also mit unserem Willen nähren, ihnen das Leben einflößen, unser Herzblut durch sie kreisen lassen. Die Rückwirkungen, welche die Erscheinungen in uns auslösen, sind nicht wir in unserem Innersten; denn sie sind in und durch unseren Willen, der sie belebt und anschwellen läßt. Im Grunde sind wir den Erkenntnisinhalten gegenüber reiner Wille, reine Bestimmung, Wirklichkeit, und diese Bestimmung ist mehr denn alles, was sich in uns und außerhalb unserer als Inhalte bewegt; zudem ist der Wille anderer Wesen als innere Bestimmung und Macht und als Abglanz des reinen Willens, der Allmacht und letzten Endes der Wirklichkeit nichts anderes als dasjenige, was uns unser Wille zu sein scheint. Der geistige Mensch betrachtet alle Dinge gleichsam als Bildnisse und Gleichnisse seiner selbst und schätzt sie also nicht sonderlich als vom reinen, ungebrochenen Urselbst Verschiedenes, sondern entzieht ihnen seinen Willen, weil kein zureichender Grund vorhanden ist, sich selbst mit seinem Willen zu beantworten. Denn der reine Wille ruht im reinen Selbst und tritt nicht aus der Erkenntnis heraus, die er will, und von welcher er ein Anblick ist. Die Erkenntnis ist ihrerseits mehr denn alles Wollen, weil ohne sie kein Wollen möglich wäre.

*

Gott hat zwei Ausflüsse, einen segnenden und einen drohenden, einen, von dem seine Güte ausgeht, der Offenbarungen bringt und Gnade bewirkt, und einen anderen, durch welchen sich seine Gerechtigkeit kundtut und welcher seine Geheimnisse verteidigt. Alles, das unter die zweiheitliche Sinnbildlichkeit fällt, läßt sich auf diese beiden Ausflüsse beziehen.

Zwei Vorzüge kommen von den beiden Ausflüssen Gottes: einerseits Weisheit und Klugheit, andererseits Kraft oder Mut. Der ersten entspricht Betrachtung und Reglosigkeit, der anderen Tat und Schwingmaß.

Also unterscheiden sich die Ausflüsse durch ihre Beschaffenheit: Der erste ist innen Güte und außen Schönheit, der zweite innen Macht und außen Kraft.

Von Gott kann gesagt werden, daß Er innen Weisheit und außen Wissen sei; Weisheit und Wissen, Güte und Schönheit, Macht und Kraft: Durch diese Dreiheit tut sich das Göttliche kund, erzeugt, erhält und verwandelt – verwirklicht, erschafft und vernichtet.

*

Wer mit Liebe und Haß, mit Lust und Leiden im Scheine steht, der muß sich auch mit Liebe zum Geiste und mit Haß zum Scheine kehren und seine Lust im Geiste finden. Wer den Schein rein geistig erfaßt, erfaßt ihn nicht mehr als Schein, sondern seine Erfaßnis findet überall den Geist, und löst alles zu Geist auf, und nichts führt ihn irre.

Niemand kann sagen, es sei unbedingt falsch, dem Göttlichen anders als auf rein geistigem Wege zu nahen: Denn wenn wir selbst falsch sind, wie können da unsere Mittel ohne weiteres richtig sein? Wenn es falsch ist, den Geist zu lieben, so ist es noch viel falscher, anderes zu lieben als den Geist oder nicht um des Geistes willen zu lieben. Deshalb, wer liebt, der liebe umso mehr den Geist und besinne sich auf das Verhältnis dessen, was er liebt, zum Geiste, und begründe seine Liebe zur Erscheinung geistig und übersteige so das Besondere, Sinnbildliche; und hat er, was er liebte, jenseits des Besonderen und Sinnbildlichen im Geiste wiedergefunden und ist also mit seiner Liebe zum Geiste allein, dann löse er auch diese Liebe im Geiste auf, und werde arm im Geiste – bis ihn ergreife, was in der letzen Wirklichkeit das Urbild der Liebe ist, die nichts mehr auflösen kann, weil nichts mehr da ist, was sich außerhalb ihrer befände, nichts mehr, was sich von ihr unterschiede, nichts mehr, was reiner und wirklicher wäre als sie.

*

Ursätzlich ist der Gedanke mehr als die Tat. Im Gebiet des Tatsächlichen hat die dem Gedanken entsprechende oder nicht entsprechende Tat mehr Tragweite, scheinbar mehr Wirklichkeit als der begründete, bestimmende Gedanke.

Für das Einzelwesen hat der Einklang mit dem Gedanken mehr Wirklichkeit als der erfaßte Gedanke, wenigstens scheinbar, wie auch das Wesen scheinbar ist. Andererseits ist jede Erfaßnis eines Gedankens bereits ein verhältnismäßiger Einklang mit ihm, während ein unbedingter Einklang sich nicht mehr vom Gedanken unterschiede und nichts anderes wäre als des Gedankens Wahrheit selbst.

Es ist wichtiger für den Menschen, sein Leben mit einem Gedanken in Einklang zu bringen, als daß seine Vernunft ihm allein entspreche, während der Gedanke für sich allein wichtig ist und seine möglichen Anwendungen keine Wirklichkeit für ihn haben.

Die Gegenseitigkeit zwischen dem Gedanken und dem Gebiet des Einzelwesens ist nur vom Gesichtspunkt dieses Gebietes selbst denkbar, ist ein bloßer Anschein.

*

Der Mensch kennt nur sein eigenes Erkennen; seine Erkenntnis als solche aber erkennt er nicht; denn diese ist die Wirklichkeit.

Hätten wir nicht die ganze Welt, die wir erkennen, ursätzlich im Herzen, wie könnten wir sie überhaupt erkennen?

Das Senfkorn ist klein neben dem Gewächse, das es erzeugt, und dennoch haben wir das ganze Gewächs, wenn wir das Senfkorn halten, und können jenes in diesem vernichten. So sind wir gleicherweise Kern des Weltgewächses, das wir auflösen sollen, um unsere Erkenntnisstufe und die ihr entsprechende Wirklichkeit, die Erscheinungswelt, zu überwinden.

Unsere Erkenntnis ist unsere Berührung mit der Wirklichkeit durch unsere Grenzen hindurch; wie der Blinde die Sonne nur kennt, wenn er ihre Wärme verspürt und doch nichts von ihrem Licht und ihrer Form weiß.

Die Luft ist ein Sinnbild der Wahrheit: Sie wird eingeatmet, angeeignet, ausgeatmet; umgekehrt ist das Verhältnis im geistigen Sinne: Die Wahrheit kommt aus dem Unendlichen ins Herz, in die Nüstern, welche der Wirklichkeit Luft einsaugen, und von da ins Gehirn, in die Lunge, welche der Wirklichkeit Luft verwandelt und verdaut, und wird durchs Herz ins Unendliche zurückgeatmet. Im irdischen Bereich kommt das Belebende von außen her, im geistigen von innen.

*

Was ist das ewige Gebet? Es kam aus dem göttlichen Munde, es ging durch den ersten Menschen und den geistigen Menschen, es brannte in tausend Herzen, es wird ins göttliche Ohr zurückkehren, wenn der Ring der Menschheit beschlossen sein wird.

Jede Besinnung ist eine Teilhaftigkeit am ewigen Gebete.

*

Die erste Lehre zerbrach wie das erste Gesetz. Die eine Urlehre lebt in Stücken weiter.

Die Lehre zerbrach, das Gesetz zerbrach, die Menschheit zerbrach, und so zerbrach der einzelne Mensch. Er war eindeutig und wurde vieldeutig. Das begrenzte Bewußtsein als solches kann nur vermindern und zerstören; seine Schöpfungen sind im Grunde nur Trümmer. Nur etwas ist wahrhaft schöpferisch im Menschen: der Geist; er aber erfolgt nicht aus dem begrenzten Bewußtsein, sondern erhält sich aufrecht trotz der Grenzen, die ihrerseits nichts anderes sind als verdunkelter, gebrochener Geist.

Das begrenzte Bewußtsein will anderes erkennen als den Geist, obwohl es von diesem auf zweierlei Arten Kenntnis hat, erstens durch die von außen kommenden Bewußtseinsinhalte, zweitens durch das von innen kommende Verständnis. Die erste Kenntnis ist eine ausführende und mehrende, die andere eine zurückführende und teilende. Die Welt als Gegebenes, Hingenommenes, dehnt sich als unbestimmte Mannigfaltigkeit im Bewußtsein aus und bildet die erste, vermehrende, anhäufende Tatsachenkenntnis; die Erfaßnis, daß nichts erkannt wird und nichts erkennt als der Geist, bildet die zweite, die ursätzliche

Kenntnis, entsteht durch das innere Erkenntniswerkzeug, das Herz, und durchdringt, verwandelt und hebt also die erste Kenntnis auf, die durch die Sinne einströmt und sich im Gehirne spiegelt.

Wenn der Mensch das Göttliche sinnbildlicherweise im schrankenlosen Raum erlebt, betrachtet er sich selbst als blinden, verdichteten, auf einen Punkt begrenzten Drang, dem er dann die Ferne als lichte, weitsichtige, freie, grenzenlose Erkenntnis entgegensetzt; von außen her kommen die Erkenntnisse, und in diesem Sinne bewegt sich der Mensch im Raume, um seinem widergöttlichen Drange zu entrinnen – im Raume, der dadurch, daß aus ihm im Gegensatz zum blinden Drange die Erkenntnisgegenstände kommen, die befreienden, den Drang entbindenden, erlösenden, als Sinnbild der entbindenden, erlösenden Erkenntnis selbst erlebt und gedacht wird. Wenn aber der Mensch das Göttliche in seinem Herzen, im Selbst, sieht, betrachtet er den Raum als unwirkliche Ausdehnung des Eitlen, bloß Zusätzlichen, Falschen, Unbeständigen, Zwiespältigen, Widersprüchlichen und Wandelbaren, dem er dann seines Herzens Inschau als Unerschütterliches, Eindeutiges, als selbstherrliche geistige Bestimmung entgegensetzt; innen ist die eine Wirklichkeit, und, ihr folgend, hält der Mensch inne in seinem Wandel, um des Raumes trügerischen Inhalten in die ewige Gegenwart des Selbstes zu entrinnen, des Selbstes, das dadurch, daß von ihm, im Gegensatze zum vervielfältigenden und sich stets selbstwiederholenden Wahrnehmen, die einenden, satten, von der verwirrenden, wechselnden, zersplitterten Vielheit erlösenden Bestimmungen kommen, als Sinnbild des endgültigen göttlichen Willens selbst erlebt und gedacht wird.

*

Das Fallen eines Körpers ist eine Spiegelung in Raum und Zeit der Aufstufung, nach der die Wirklichkeitskreise geordnet sind: Dem geistigen Ursatze entspricht der Ausgangspunkt des Fallens; dem körperlichen Zustande das Auftreffen des fallenden Körpers. Eine andere Spiegelung der allweltlichen Aufstufung ist die Weltentstehung, eine andere die Menschheitskreisung mit ihren vier Zeitaltern, dessen letztes, kürzestes und härtestes wiederum dem Auftreffen des Körpers gleichkommt.

*

Wenn die Erkenntnis den Menschen dahin bestimmt, im Sinne der geistigen Selbstverwirklichung die Bewußtseinsinhalte umzuwerten, zu zersetzen, aufzulösen und zu ihrem ungebrochenen Urbilde zurückzuführen, darf sich der Mensch nicht weiterhin von jenen Beständen bedingen lassen, die eigentlich seine Begrenzung ausmachen und also das Bewußtsein als solches im Gegensatz zu seinem rein geistigen Urgehalte kennzeichnen. Und eine solche Auflösung des Bewußtseins ist eben dadurch möglich, daß ihre Notwendigkeit aus nichts anderem hervorgeht als aus dem Hineinspielen des geistigen Urgehaltes in den begrenzten Bereich des Bewußtseins. Bewußtsein bedeutet ausdrücklich ein sich Abgrenzendes, Unterschiedenes, einzelnes, also durch besondere Bedingungen bestimmte, eingeschränkte und verdunkelte Erkenntnis. In seiner Mitte, seiner ewigen Gegenwart, ist es verbunden und eins mit seinem Ursatze wie der Widerschein auf Gegenständen mit dem Lichte des Raumes verbunden und eins ist; und wie der Widerschein all seine Wirksamkeit vom Lichte bezieht, so hat auch das Bewußtsein all seine Wirklichkeit vom Geiste her. Dieses seiner selbst unbewußte, sinnbildliche Eigendasein des Bewußtseins ist gleichsam eine Versunkenheit, wie der Schlaf, der die Glieder beschwert, oder wie der Traum, der die Seele umfangen hält, oder wie die Schwerkraft, welche die Körper abwärts zieht. Das Geistige dehnt sich um das Bewußtsein herum aus wie der unermeßliche Raum, und somit ist auch der Aufstieg zur Geistigkeit wie ein Emporschweben, Sichauflösen.

*

Eine Erkenntnis ist ihre eigene Wirklichkeit; sie kann diese und ihre Möglichkeiten nicht überschreiten. Keine Erkenntnis kann Wirklichkeit erreichen, die außerhalb ihres Bereiches liegt, und um so weniger kann sie die ganze Wirklichkeit erreichen. Diese Unmöglichkeit bringt die Verdammung des Wahns mit sich, bloße Vernunfterkenntnis könne sich genügen und alles umfassen.

Die Vernunft, wie jede andere Erkenntnisfähigkeit, kann unterscheiden und vereinheitlichen innerhalb ihrer Grenzen, welche diejenigen des Verhältnismäßigen sind; ohne dieses hätte die Vernunft keinen zureichenden Grund und kein Dasein – so wenig, wie die Augen, die einen Abgrund sehen, folgern können, daß man ihm ausweichen müsse, oder die Ohren, die eine Rede hören, deren Sinn verstehen können, so wenig kann die Vernunft, welche die Welt dank ihrer Verallgemeinerungsgabe als Ganzes erkennt, den letzten Gehalt der Welt erfassen. Denn sonst wäre die Vernunft dieser Gehalt selbst; dagegen besteht kein Unterschied zwischen diesem letzten Gehalt und dem reinen Geiste, der durch sein Einssein mit der Wirklichkeit die Wahrheit selbst ausmacht.

*

Der Unterschied zwischen dem Wissen, daß die Erde rund ist, und dem Nichtwissen dieser Tatsache ist im Verhältnis zu demjenigen, das man auf demselben Tatsachengebiet nicht weiß und nie wissen wird, ein ganz nichtig geringer, weil die Tatsachen unerschöpflich sind und man dem Unerschöpflichen keinen Zoll breit näher kommt, so weit man sich auch hineinzubewegen glaubt. Also ist das Mehrwissen der früheren ganz unbedeutend, abgesehen von all dem Wissen der Früheren, das mit ihnen verging. Was die Früheren jenseits ihrer Tatsachenkenntnisse wußten, durchdrang und vereinte alle mögliche und ursätzlich unerschöpfliche Tatsachenkenntnis; sie kannten das Wasser aller bekannten und aller unbekannten Meere dadurch, daß sie das Wesen des Wassers in einem Tropfen kannten; während die Späteren das Meer der Tatsachen Tropfen für Tropfen absuchen und nie erfahren, was Wasser ist. Im Verhältnis zu dem, das man nie wissen kann und auch nicht zu wissen braucht, wenn der Geist nur eine Tatsache enträtseln kann, ist kein Unterschied zwischen der Kenntnis dessen, das sich vor unserer Türe befindet, und dessen, das die ganze Erde trägt. Und durch die Kenntnis all dessen, was auf der Erde ist – angenommen, man könnte eine einzige Tatsache auch nur vom Standpunkt des Tatsächlichen aus erschöpfen –, kommt der Mensch nicht nur der ursätzlichen Erkenntnis um keinen Schritt näher, sondern auch nicht einmal der Tatsachenerkenntnis, so daß diejenigen, die an eine Welterkenntnis durch Anhäufen von Tatsachen glauben, wobei sie nicht einmal so folgerichtig sein können, von Allgemeinheiten abzusehen, sich selbst durch ihre eigenen Wege zu nie überwundener, nie unüberwindbarer Unwissenheit verdammen.

*

Die Wirklichkeitslehre erklärt den Widerspruch des Daseins und weist auf seine Überwindung hin.

Der Mensch begehrt Wissen, Frieden und Macht. Er erreicht das Eine durch Nichtwissen, das Andere durch Überwinden, das Dritte durch Nichtwirken. Scheinbar gelangt er durch Unwissenheit zur Erkenntnis, durch Streit zum Frieden, durch Unterlassung zur Macht.

So wie die Raumlehre die Form bis zu ihren Grundbeständen auflöst und Zahlenlehre die Vielheit oder Menge im gleichen Sinne zerlegt, also führt auch die Wirklichkeitslehre das Leben auf seine reine Urformel zurück und ist dadurch eine Berichtigungslehre, eine Weisung zum Urbildlichen allen Daseins.

Der geistige Mensch löst die Welt auf und führt sie zu den letzten Wurzeln ihrer Widersprüchlichkeit zurück.

Alles Begehren ist Leiden und Kampf; alles Genießen ist Lust und Friede. Der geistige Mensch will, was alle Menschen begehren mögen, aber er will es im Geiste und nicht in trügerischer Gegensätzlichkeit zum Geist. Er will das Begehrenswerte durch den Geist und für den Geist, nicht scheinbar außerhalb des Geistes und als bloßen Anschein, als bloße Minderung des Geistes.

Der geistige Mensch ist alles, was er denkt, und er denkt nichts, was er nicht ist; er macht also letzten Endes das Denken überflüssig, überwindet seine Notwendigkeit. Das Denken ist ein Mittel zum Wege, kein Selbstzweck. Es ist, also umgedeutet und auf seine ursprüngliche Bestimmung zurückgeführt, der zersetzende Strahl, der die Erscheinung als Einzelheit verbrennt, bis zu ihrem Gehalte aufsaugt und so zur ungebrochenen Wirklichkeit mittelbar hinüberleitet; es ist aber auch die einende Wärme, welche die Erscheinungen als Vielheit zusammenfaßt und deutet und also auf bejahendem Wege zum Geist zurückführt. Der geistige Mensch denkt nicht das, mit dem er nicht eins sein will oder kann, er wendet seine Aufmerksamkeit nichts Bedeutungslosem zu – dem Worte gemäß: Wer nicht für mich ist, ist wider mich.

*

Die Fleischwerdung des Wortes wiederholt sich im Gedanken, der aus dem Geist herabsteigt, den Rundgang durch die Armut der menschlichen Begrenzungen zu tun und sie zu erleuchten.

*

Kein Mensch unterscheidet sich vom anderen, insofern er Fleisch und Geist ist. Nur der Geist unterscheidet sich vom Fleisch, und im Geiste sind alle einer, wie im Fleische alle dieselben sind. Ein Mensch ist mehr als ein anderer, weil der Geist mehr als das Fleisch ist.

Der Geist ist mit dem Fleisch vermengt wie die Luft mit dem Wasser. Der Geist, den sein Ursprung nach oben zieht, trennt sich vom Fleisch und geht ins Unendliche zurück wie die Luft, welche leichter ist als das Wasser, sich vom Wasser trennt und als Blase nach oben steigt, um im Raume zu zerfließen. Ebenso wie die Blase nur einzeln bestimmt ist, weil sie Wasser umgrenzt, ist auch der Geist nur durch die Umgrenzung durch das Fleisch einzeln als Wesen bestimmbar.

Wir leben von den Trümmern des verlorenen Eden, wir sind nur Bruchstücke und schaffen nur Bruchstücke. Völker, Überlieferungen, Sprachen und Künste, all das sind zeitgemäße Entwicklungen der einen Göttlichkeit, deren Funke die Urmenschheit aus Eden brachte. Außer diesem Funken besaß die Menschheit nichts, aber auch er mußte im Aufblühen zerfallen wie die edenferne Menschheit selbst.

Der spätere Mensch sucht seine Fesseln von sich zu

werfen und sich zurückzuleben in den früheren, durch Tanz, der dem Gehen, durch Gesang, der dem Sprechen des Urmenschen gleichkommt.

Der Mensch befreit sich durch die Hingabe aller Dinge an alle Wesen. Er befreit nicht nur sie, denn er betrachtet sich nicht im Unterschiede zu anderen, sondern als Ur- oder Vorbild der anderen, er befreit schlechthin durch Hingabe seiner selbst. Die Wurzel des Unterschieds zwischen Ich und Du ist das Ich; deshalb verwirklicht, wer sich aufgibt, das Gebot, seinen Nächsten zu lieben wie sich selbst, und befreit mit sich seinen Nächsten.

Das Gewissen ist der Prüfstein der Äußerungen. Es entspringt der Beschaffenheit des Menschen, welcher sich der Äußerungen schämt, die unterhalb seiner Wesensbestimmung liegen.

*

Vom Menschen als solchem kann nur Menschliches ausgehen; Begrenztes kann nur Begrenzung und Zerstörung mit sich bringen. Der Mensch als Einzelwesen kann also nicht die Geistesfreiheit geben, noch irgendein wirkliches Gut, denn es gibt keines außer der Freiheit durch den Geist. Daraus ist die Eitelkeit der Meinung ersichtlich, der Mensch solle in den höchsten Dingen noch mehr als in irdischen Dingen auf das Wohl des Nächsten bedacht sein. Die Geistesfreiheit hebt den Unterschied zwischen Ich und Du auf und kein Gutes kann getan werden, das entfernt dem Guten dieser Freiheit vergleichbar wäre. Nichts ist für den Menschen besser als das Vorhandensein und die Anwesenheit des geistig Freien; es kann keinem Wesen Besseres geschehen als die Begegnung mit dem geistigen Menschen. Vor dem Handeln muß man sein. Alles menschliche Tun kann also nur in Beziehung zur geistigen Befreiung Sinn haben und nicht im bloßen Sinne der Nächstenliebe. Kein irdisches Gut ist an sich ein eigentliches Gut, und die geistigen Güter können nur von dem ausgehen, der sie geben kann. Die gemeine menschliche Tugend erzeugt nur Begrenzung; sie ist notwendigerweise insofern selbstsüchtig, als sie auf eigenes Wohl im Anderen bedacht ist und also die eigenen irdischen Bedürfnisse auf die Allgemeinheit erweitert, während die geistige Befreiung von keinem gesellschaftlichen Gesichtspunkt ausgeht und, sofern sie die Frage eines Wohles in Betracht zieht, dieses Wohl mit dem Ich als solchem und nicht mit einem besonderen, bloß tatsächlichen Ich in Beziehung bringt; das Sinnbild des Ichs an sich ist aber notgedrungenerweise das jeweils eigene Ich.

Wer trotz des Vorwurfs der Selbstsucht durch seine Befreiung sein Ich überstiegen hat, der allein kann nicht nur ursätzlich an Hand eigenen Überwindens, sondern auch tatsächlich einen Teil des allgemein über die Welt verhängten Übels auf sich nehmen, während der unfreie Mensch, trotz seines Anspruchs auf Selbstlosigkeit, kaum mehr denn seine eigene Last tragen kann. Deshalb hat letzten Endes nur dasjenige Gute Sinn, das der Mensch zur Weltbefreiung unternimmt, die er notwendigerweise in sich selbst verwirklichen muß – das Gute, dessen Bedeutung darin liegt, die trügerischen Schranken zwischen Ich und Du zu überwinden und das Ich in allen, und alle im Ich zu erleben. Gutes als Selbstzweck ist eine eitle, törichte, anmaßende Verirrung, die daher rührt, daß die Menschen sich auf ihre dürftigen Tugenden etwas zugutehalten, als ob sie nicht ganz bedeutungslos und nichtig wären, angesichts des Geistes, des reinen, ungebrochenen, Licht und Heil ausstrahlenden Göttlichen. Außerhalb des Göttlichen gibt es kein Gutes; denn daß ein Mensch nichts Schlechtes tue, ist nicht gut, sondern bloß vernünftig.

Der geistige Mensch wird alljährlich, alltäglich, allstündlich, ja bei jeder Schwingung seines Lebens gleichsam neu geboren, da er, in unerschütterlicher Gegenwart mit dem ewigjungen Geiste verbunden, keine verderbliche Verknotung hinter sich herschleppt, die jede neue Kenntnisnahme mit alten Irrtümern vergiftete. Er ist ein ausschließlich erkennendes und wollendes Wesen, das die Welt unmittelbar im Geiste, nicht als Anhäufung von Tatsachen, erfaßt. Man kann sagen, daß er nicht mit sich selbst als vergangene und zukünftige Tatsache verbunden sei, weil er im allgegenwärtigen, immerjetzigen göttlichen Ursatze steht.

Wie das Licht die Augen blendet und sie hindert zu sehen, was es sichtbar macht, so blendet der Geist die Vernunft und hindert sie zu bezweifeln, was er verständlich werden läßt.

*

Was wahr ist, kann nicht wahrer sein als wahr; deshalb genügt sich die Wahrheit selbst und bedarf keiner Anhaltspunkte außerhalb ihrer selbst. Wer die Wahrheit erkennt, hat zugleich die Gewißheit; wenn er auch zahllose andere Aussagen nicht kennt, so können diese, falls sie nicht unwahr sind, nur weniger wahr oder höchstens ebenso wahr, nicht aber wahrer sein als die eine bekannte Wahrheit, in der alle möglichen Wahrheiten enthalten sind. Deshalb ist die Wirklichkeitslehre wahr, wie der Punkt ausdehnungslos ist, und enthält so, wie dieser alle Raumesmöglichkeiten in sich faßt und nicht ausdehnungsloser sein kann als ausdehnungslos, alle Erkenntnismöglichkeiten in sich.

Zugleich ist eine Aussage nur bedingterweise, nämlich im Bereich eines bestimmten Standpunktes, wahr und muß deshalb notwendigerweise im Verhältnis zu ihrem ganzen Gehalt begrenzt sein; eine Aussage ist deshalb, wenn auch in sich wahr, dennoch durch ihre notgedrungene Begrenzung und Ausschließlichkeit verhältnismäßig unwahr; angesichts der unbegrenzten Wahrheit ihres letzten Inhalts, den sie teils verhüllt, teils kundgibt, kann ihre besonders ausgedrückte Wahrheit nur eine verhältnismäßige, geminderte sein, so wie jeder Begriff von minderer Wahrheit ist, weil er als Begriff seinem Gegenstand niemals ganz entsprechen kann, während er doch durchaus notwendig und im Bereiche seiner Kundgebung so wahr wie möglich ist. Ein Dreieck kann nicht dreieckiger sein als dreieckig, es begrenzt aber durch seine besondere Form den reinen Gedanken der Dreiheit, der sich durch zahllose andere Sinnbilder ausdrücken läßt und jedes unendlich übersteigt, so daß, obwohl jedes Sinnbild als solches durchaus wahr ist, der Urgedanke allein seine eigene unendliche Wahrheit innehat.

*

Wir haben nur ein Eigentum, die Erkenntnis, und diese kommt nicht von uns.

*

Es gibt zwei Arten der Torheit; die eine ist heilbar, denn man erträgt sie nicht, die andere ist unheilbar, denn man ist stolz auf sie und sucht sie auszubreiten. Die meisten Menschen denken zu viel und überlegen zu wenig.

*

Keine Reinigung reinigt wie die Erkenntnis der Reinheit.

*

Der Widerspruch des Daseins liegt darin, daß es Grenze des Unbegrenzten zu sein scheint.

*

Genuß ist ein Ausfluß der Lust; diese ist weiter und tiefer als aller Genuß. Lust ist ein Ausfluß der Freude; diese ist weiter und tiefer als alle Lust. Freude ist ein Ausfluß des Lebens; dieses ist weiter und tiefer als alle Freude. Leben ist ein Ausfluß des Daseins; dieses ist weiter und tiefer als alles Leben. Das Dasein ist der Ausfluß des Seins; dieses ist weiter und tiefer als alles Dasein. Das Sein ist der Ausfluß des Letzten, Unendlichen, Allwirklichen, Allweiten und Alltiefen.

*

Da ist das Göttliche im Herzen, wo Erkenntnis und Liebe zusammenklingen.

*

Ihr wollt den vollkommenen Menschen? Was liegt am Menschen! Alles liegt an der Selbstverwirklichung des Göttlichen.

II

ZWEITE SAMMLUNG

geschrieben anno 1932 im Kloster
Notre Dame de Scourmont zu Forges-lez-Chimay

Es kann nur einen einzigen unbedingt unfehlbaren Prüfstein der Wahrheit geben; die Erkenntnis, wider die keine äußeren Beweismittel standhalten können. Deshalb ist die äußere Rechtfertigung einer Lehre unzulänglich und kann nicht einmal als solche bestehen, ohne sich auf einen in der unfehlbaren und unmittelbaren Erkenntnis stehenden Meister zu berufen.

Es gibt zwei Quellen der Lehrbefugnis: Die Überlieferung oder der Einklang mit ihr und die Erkenntnis und der Einklang mit ihr.

*

Die Erkenntnis ist ein Gleichgewicht, und jede Wahrnehmung oder Erfaßnis ist ein Bruch dieses Gleichgewichtes, welches die Tragweite der Wahrnehmung oder Erfaßnis als solche auch sei. Die dem Geiste gleichsam innewohnende Erkenntnis, die Erkenntnis an sich, ist weder wahrnehmend noch wahrgenommen, denn sie hat nichts Stoffliches an sich, sondern ist rein gehaltlich.

*

Wenn Wissen von wahrer Erkenntnis durchstrahlt und in ihr aufgelöst wird, kommt alles weitere Wissen, dessen der menschliche Geist bedarf, von selbst, ohne daß er es suche. Deshalb muß das bloße Tatsachenwissen eingeschränkt werden. Denn der Durst nach Wissen kommt nicht von der Erkenntnis, sondern von der Leidenschaft. Wer wissen will, wird wissen; wer aber sein Wissen bloß vermehren will, bleibt unwissend. Im Sinne der reinen Erkenntnis eingeschränktes Wissen zieht anderes Wissen an, wie ein Strudel. Kein für den menschlichen Geist notwendiges Wissen ist verloren durch solche Einschränkung. Alles neue Wissen ist unfruchtbar und schädlich, bevor das alte Wissen nicht tief in den Menschen eingegangen und in seiner Welterkenntnis aufgegangen ist, und alles Wissen, zu dessen Erlangung kein zureichender Grund aus der Erkenntnis kommt, ist hinderlich. Wer nicht den Pfad bewußten Nichtwissens gehen kann, erreicht nie das höchste Wissen. Durst nach Tatsachen ist Verrat an der Erkenntnis; durch solchen Verrat wird der Verstand wie ein ohnmächtiger Blick auf angehäufte Kleinodien. Der geistige Mensch kennt wenig oder vielmehr: Er weiß, daß er wenig kennt; dieses wenige aber kennt er so gut, daß er durch das Erkennen des wenigen alles kennt. Er zaudert nicht zwischen zwei Worten, sondern glaubt an eines. Fällt ein Wissen auf guten Boden, wächst daraus der Baum der reinen Erkenntnis. Fällt tausenderlei Wissen auf schlechten Boden, wächst tausenderlei schwaches Unkraut ohnmächtig dem Raume der unbegrenzten Erkenntnis entgegen.

*

Der gewöhnliche Mensch läßt seine Triebe durch sein Denken sprechen, betört sich selbst durch dessen Aussagen und fragt nach keinem Woher.

Das Herz des geistigen Menschen liegt nicht im

Triebhaften, noch vertraut er bedingungslos auf seine Gedanken, sondern die unverderbte Erkenntnis ist seine leitende Macht, und das Unfaßliche ist sein zureichender Grund. Er fällt nicht immerfort Gedanken anheim, die wie Blasen aus dem Sumpfe der Unwissenheit aufsteigen, um diese wider die eigene Erkenntnis zu rechtfertigen.

*

Wer versteht, daß der Geist frei ist und daß er allein frei ist, kann nicht als frei betrachten, was nicht vom Geiste ist. Deshalb führt der geistige Mensch das Leben eines Gefangenen: Denn er weiß von der Freiheit seines Geistes, und er will nur im Geiste und als Geist frei, das heißt er will wirklich frei sein, nicht nur scheinbar. Die äußerlich und scheinbar Freien, die, von keiner Erfaßnis geleitet, willkürlich und zufällig dahinleben, sind nicht weniger gefangen als die sich freiwillig binden, nur wissen sie's nicht und sehen in der Gefangenschaft im Geiste bloße Verneinung, statt zu verstehen, daß diese heilige Gefangenschaft nur Verneinung verneint und die menschliche Narrenfreiheit nichts bejaht als Verneinung. Alle Menschen sind in Knechtschaft und Freiheit zugleich; aber sie sind es in verschiedener Beziehung.

*

Wahrheit ist der Spiegel der Wirklichkeit.
Weisheit erwirkt Macht.
Auf Erkenntnis antwortet Wille.
Auf Wahrnehmung antwortet Tat.

*

Die Macht bekundet nichts anderes als die Ausdehnung der Erkenntnis, im höchsten und letzten Sinne die Wirklichkeit, welche der göttlichen Erkenntnis Bekundung ist. Wie man die Macht erkennen muß, um ihrer teilhaftig zu werden, so muß man die Erkenntnis wollen, um sie zu vollenden. Die Erkenntnis ist gleichsam der Urkern der Macht, im höchsten und letzten Sinne die Wahrheit, welche der göttlichen Allmacht Mitte ist.
Begierden brechen die Erkenntnis.
Irrtümer brechen die Macht.

*

Die letzte Absicht jeder Ausdehnung ist ein Hineinwachsen ins Unendliche, um es zu erfüllen und Ihm gleich zu werden. Alles Ausgedehnte wird zweifach begrenzt, durch die Form und innerhalb der Form. Die Form ist gleichsam der Irrtum des Ausdehnungsdranges. Und an diesem Irrtum bleibt der Drang stehen, denn jener widerspricht ihm, begrenzt ihn äußerlich, wie er sich selbst innerlich begrenzt, und verhindert ihn, reine Ausdehnung zu werden, ist also das Wahrzeichen und der Ausdruck dessen, daß Bestimmtes, Begrenztes als solches niemals bestimmungs- und grenzenlos werden kann. Innerhalb der Form erleidet das Ausgedehnte die Folgen seiner Ausdehnung in gebrochener Wirklichkeit, in der Auswirkung; denn wie der Ausdehnungsplan, dessen Möglichkeiten der Drang gemäß der ihm innewohnenden Absicht entwickelt und verwirklicht, so hat auch das also Ausgedehnte an der Gebrochenheit seines Daseinsstoffes teil, weshalb alles Ausgedehnte nicht nur begrenzt ist, sondern auch innerhalb seiner Ausdehnung unvollkommen; denn die Ausdehnung in gebrochener Wirklichkeit, in der Auswirkung, kann nicht vollkommen sein wie ihr Urbild in reiner Wirklichkeit, welches Urbild nicht ausgedehnt, sondern unendlich ist. Diese innewohnende Unvollkommenheit des Ausgedehnten tut sich bei lebendigen Wesen durch Widerspruch kund. Beim Menschen erstreckt sich dieser Zwiespalt bis in die Vernunft, wo er als Zweifel zutage tritt. Der geistige Mensch baut sein Haus nicht auf die Erde, welche gebrochen werden muß, weil sie zusammengesetzt, nicht einheitlich ist, sondern er löst selbst das Zusammengesetzte auf und baut sein Haus aufs Einheitliche, Unausgedehnte, Unteilbare. Alles Ausgedehnte läßt sich messen, also teilen, ist ein Mehr, kann also ein Weniger sein; die Unendlichkeit aber ist unermeßlich und unteilbar, denn sie ist aus keinem Weniger entstanden und kann kein Weniger werden; sie hat nichts, daneben sie ein Mehr sein könnte; sie ist schlechthin und unbedingt alles in menschlicher Sprache, aber nicht an Sich, denn selbst das Alles ist noch ein Vergleich.

*

Nichts rührt den Mann wie Schönheit und Unschuld; deshalb liebt er das Weib. Schönheit und Unschuld sind zwei Anblicke, der äußere und der innere, desselben Ursatzes; so daß man gewissermaßen Schönheit äußere Unschuld, und Unschuld innere Schönheit nennen kann. Unschuld ist Eindeutigkeit, Freisein von ungleich begründeten Absichtlichkeiten, ursprüngliches, zweifelloses Leben und Weben in sich, die Unschuld zersetzt nicht, sie eint, sie zweifelt nicht und birgt als solche keine Widersprüche; deshalb tut sie sich als Schönheit kund, denn Schönheit ist die Folge solcher Einheit und kann nicht die Folge einer Zersetzung, einer Absichtlichkeit, eines Zweifels, einer Widersprüchlichkeit sein.

Diesen doppelgesichtigen Einklang besaß die Mutter Jesu in hoher Vollendung, denn der Heiland bedurfte dieser Erblichkeit; sie kam vom ersten Weibe und hatte sich, gleichsam verkapselt und in den anderen Frauen nur teilweise erblüht, bis zu Maria vererbt und wurde in ihr wieder offenbar wie im Urweibe. Was vererbt wird, ist jedoch nie ein Ganzes, sondern nur ein Teil, der weibliche Teil eines Ganzen; der männliche Teil kommt weder von Vater noch von Mutter, sondern bei jedem einzelnen Wesen aus ihm selbst; so daß die Unschuld und Schönheit Marias als weiblich genannter Bestandteil unversehrtes paradiesisches Erbe war, als männlich genannter Teil aber eigene Teilhaftigkeit am Göttlichen; denn keine Teilhaftigkeit am Göttlichen, weder Schönheit, noch Macht, noch Weisheit, kann offenbar werden ohne doppelte Herkunft, nämlich Vererbung, und Befruchtung von der jeweiligen göttlichen Ursache selbst – wobei die weiblich genannte Vererbung gleichsam den Stoff, die Form, den Leib, und die männlich genannte, unmittelbare, sich im Verhältnis zur sinnbildlicherweise waagerecht gedachten Vererbung gleichsam in senkrechtem Sinne vollziehende Befruchtung, den Gehalt, den Geist der jeweils offenbar werdenden Teilhaftigkeit am Göttlichen hergibt. In diesem Sinne ist jedes Wesen ein Erbe der Geschöpfe und ein Erbe des Göttlichen. Es ist dasselbe auch mit jedem Ding, mit jedem Gedanken, denn alles verbindet sich einesteils mit dem anderen und trennt sich andernteils von anderem; keine Erscheinung ist die einzige ihrer Art, jede ist einzig auf ihre Art.

Der Mann liebt das Weib um ihrer Schönheit willen; die Schönheit, welche der Form selbstherrlich und frei gegenübersteht, offenbart sich weniger dank des Formhaften, als trotz der formhaften Begrenzung. Denn die Form kann nicht Ursache der Schönheit sein, da nicht der jeweilige Anschein, sondern die inneren Zusammenhänge, das Zusammenklingen nicht wahrnehmbarer Ursachen, die in tausend Fäden von der geistigen Urschönheit, dem ursätzlichen Urweiblichen, oder dem weiblichen Anblick des Göttlichen ausgehen, das wahre Wesen der Schönheit ausmachen. Die reine Schönheit, die reine Unschuld, der reine Einklang ist in der Mitte all dessen, was in gebrochener Wirklichkeit bruchstückweise von ihm zeugt; und da sich der Einklang im Gebrochenen, in den Formen kundtut, ohne dabei selbst begrenzt zu werden, kann er nicht in ihnen verharren; deshalb ist der Einklang oder die Schönheit der Formen verhältnismäßig und vergänglich wie diese. Eine schöne Form ist das durch Begrenztes zum Ausdruck gebrachte Grenzenlose. Das Wesen, das unter seinen Begrenzungen leidet und zu seiner Befreiung das Grenzenlose sucht, hängt an den Formen, den Erscheinungen, durch die das Grenzenlose geht und in denen es Schönheit erwirkt im Vorübergehen, wie ein Sonnenstrahl über einen Gegenstand gleitet und ihn vorübergehend licht werden läßt; und also gelangt das Wesen nie zum Grenzenlosen, denn es liebt das Grenzenlose in den Erscheinungen und verliert sich in den Erscheinungen, vergißt seine eigene innere Grenzenlosigkeit. Das Grenzenlose sucht der Mann im Weibe, und wegen seiner Verwechslung der Erscheinung mit ihrer ewigen Ursache, wegen dieses Grundirrtums, pflanzt er sich fort, wird er in seiner Nachkommenschaft immer wieder geboren, wiederholt er sich immer aufs Neue.

Jenseits der Formen ist die Schönheit Freude, nicht die seelische, von der Trauer unterschiedene Freude, sondern das Urbild der seelischen Freude, die Freude der Weltseele, die kein Gegenteil hat. Wenn man Schönheit äußere Unschuld nennen kann, so trifft für sie auch die Deutung als Freude der Form zu und für die Freude die Deutung als innere Schönheit; denn Freude wie Unschuld und Schönheit sind widerspruchslos.

Wer alle Formen durchschaut und überwindet, die seine bestimmte, begrenzte Wesenheit ausmachen, und also dem Unendlichen zustrebt, geht im Unendlichen unter, wie ein Funke in den Raum sprüht und im Raum ertrinkt und erlischt.

*

Wie tut sich die ursätzliche Erkenntnis, wie tut sich die ursätzliche Macht als ausgewirkte Erkenntnis, als ausgewirkte Macht kund? Was trennt die Unwissenheit von der Erkenntnis, die Ohnmacht von der Macht? Diese Übersetzung des Unendlichen ins Endliche kommt auf zweierlei Art zum Ausdruck, auf eine zusammenstrebende und eine auseinanderstrebende Art. Im einen Falle hat die Unwissenheit und Ohnmacht einen Hang zur Verengung, Ausschließlichkeit, Besonderheit als Ausdrucksmittel, im anderen Falle einen Hang zur Zersetzung, Teilung, Unterschiedlichkeit. Die Wahrnehmungen und Formen des Willens entstehen also als jeweilige Einzeltatsachen und dadurch zugleich in ihrer Unterschiedlichkeit und Vielheit als Folgen der Unwissenheit und Ohnmacht.

In einem Sinne ist der Mensch, wie alle Dinge, im Verhältnis zur Wirklichkeit ein Schein durch seine Begrenzung, seine Armut, seine Einzigkeit, und im anderen Sinne ein Schein durch seine Ausdehnung, seinen Reichtum, seine Vielheit. In einem Sinne besteht die Wirklichkeit durch ihre Einzigkeit und Unbedingtheit, im anderen Sinne durch ihre Allheit und Unendlichkeit. Wo die Auswirkung zur Einzigartigkeit, zur Besonderheit verhärtet ist, da spielt sie die ursätzliche Einzigkeit, widerspricht aber der Allheit und Unendlichkeit; wo die Auswirkung zur Vielheit, Verschiedenheit zerfasert ist, da spiegelt sie die Allheit und Unendlichkeit, widerspricht aber der ursätzlichen Einzigkeit und Entschiedenheit. Die Auswirkung hat am Ursätzlichen teil, und es stünde ihr nicht frei, dessen nicht teilhaftig zu sein. Andererseits jedoch steht sie in scheinbarem Widerspruch zum Ursätzlichen und erleidet deshalb Begrenzungen und Teilungen und wird, je nachdem sie dem Ursätzlichen widerspricht, festgebannt, eingefangen, verhärtet oder zerissen, verschleudert, aufgelöst.

*

Zweierlei gleicht im Raume sinnbildlicherweise der Unendlichkeit, die unausgedehnte, einwärts endlose Mitte und die kugelgleich ausgedehnte, auswärts endlose Ferne.

Zweierlei gleicht in der Zeit sinnbildlicherweise der Ewigkeit, die unausgedehnte, einwärts endlose Gegenwart und die in Vergangenheit und Zukunft ausgedehnte Dauer.

Der Raum hat drei Ausdehnungen, weil er dem erhaltenden, erweiternden, bejahenden Ursatze entspricht, der sich durch die Dreiheit kundtut, welcherart diese auch sei; denn die Dreiheit geht aus einem bejahenden, gleichsam versöhnenden, einigenden, erfüllenden, einklänglichen Gesichtspunkt hervor. Die Zeit hat zwei Ausdehnungen, weil sie dem verwandelnden, begrenzenden Ursatze entspricht, der sich durch die Zweiheit kundtut, welcherart diese auch sei; denn die Zweiheit geht aus einem gleichsam unversöhnlichen, trennenden, in sich unbefriedigten und ungenügsamen, fragenden Gesichtspunkte hervor; weshalb beispielsweise die Geschlechter nicht nebeneinander bestehen können, ohne sich zu einen und durch ein Drittes, die Liebe und ihre gemeinsame Frucht, zu erlösen; oder Tag und Nacht können nicht zugleich sein, ausgenommen durch ein Drittes und in ihm, nämlich Morgen oder Abend. Zwei Augen oder Ohren finden ihr Drittes in einer gemeinsamen Wahrnehmung, zwei Hände in einer einigen Willensäußerung.

Die Zweitheit ist die Schöpferin aller Auswirkung. Vor und über aller Auswirkung ist die eine Ursache, welche sich selbst genügt und einzig und alles ist. Damit sie sich in Spiegelungen wiederhole und in Wiederholungen immer und endlos wieder aufs Neue verwirkliche, muß sich das unnennbare, schrankenlos eigenherrliche, über jegliche Bestimmung erhabene Sichselbst als allwirkliches Nichtsein oder Übersein gleichsam ins Sein einkleiden, welches Sein sich dadurch von jenem Übersein unterscheidet, daß es zwar von nichts bestimmt wird, jedoch sich selbst bestimmt. In diesem Sein liegt nun das besondere Dasein. Das Dasein teilt sich, nicht an sich, sondern vom Standpunkte der Auswirkung aus, deren Herkunft erklärt werden soll, in Urgehalt und Urstoff, Urfeuer und Urwasser: Aus dieser Zweiheit wird die Auswirkung geboren, welche das Gewebe aller Welten ist.

Wie die gezählte Einheit sich der Vielheit gegenüberstellt und ihre Mitte ist, so ist die geistige Einheit die Mitte der Auswirkungsmöglichkeiten, sie ist die eine Möglichkeit an sich, das Sein.

*

Die Früheren hatten keine weit ausgesponnenen Lehrbücher, aber sie lasen, was die Späteren mit viel Worten aufbauen, in Büchern, die den Späteren umständlich beschreiben müssen, das lasen die Früheren zwischen den Zeilen; was die Späteren in hundert

Worten ausdrücken, das verstanden die Früheren in einem. Es mußte nur wenig von außen kommen, um ihre Erkenntnis zu wecken, denn sie hatten das meiste Wissen innen. Bei den Späteren muß fast alles von außen kommen, denn sie haben das innere Wissen vergessen.

*

Der zureichende Grund zum Willen kann nur aus der Erkenntnis kommen. Die Erkenntnis ist eins, und die Menschen sind eins in der Erkenntnis, nicht nur sinnbildlich, sondern auch tatsächlich. Der Sinn des Willens kann nur die Erkenntnis sein. Das Sein ist innerlich ganz licht, ganz Erkenntnis, und Allmacht ist nur ein Anblick des Seins, ist gewissermaßen seine Äußerung, sein Wort, sein Weib, nicht aber sein letzter und höchster Gehalt; denn die Macht genügt sich nicht selbst wie die Erkenntnis, sondern hat ihren Ursprung und ihr Ende in der Erkenntnis, ist Kundgebung der Erkenntnis. Wessen Erkenntnis im Fleische ist, hat einen starken Leib; wessen Erkenntnis im Verstande ist, hat Macht durch den Geist.

Der Geist ist einer; der Geist, welcher eine Wahrheit versteht, kann nicht ein anderer Geist sein als derjenige, welcher diese Wahrheit versteht; denn er ist dasselbe wie die Wahrheit. Was sich aber keineswegs unterscheidet, ist ein und dasselbe Ding, wie das Licht, durch welches ein Gegenstand sichtbar wird, nicht bei einem Auge ein anderes Licht ist als beim andern Auge, sondern ein und dasselbe Licht bleibt.

*

Insofern der sich vergeistigende Mensch eigenwillige Bestände in sich hat wie Gefühle, kann er sie nicht vernichten, denn auch der Haß gegen die Eigenwilligkeit ist ein Gefühl und erhebt nicht über die Gefühle;

sondern sie müssen gedämmt und in der Richtung, in der sie strömen sollen, geleitet werden. Sie müssen dienstbar sein zur Verteidigung gegen Gefühle, die sich der Vergeistigung widersetzen könnten; während das geleitete Gefühl also der Verwandlung und Umwertung entgegengeht, muß das Erkennen es durchdringen, erweitern, auflösen und sich seine Triebeskraft zunutze machen. Der Weg der Erkenntnis ist ein Weg der Einheit und ein Weg zur Einheit; die Vernunft ist einheitlich durch ihr Wesen, der Geist dagegen ist wirklich einer. Das Gefühl aber ist vielheitlich und muß vereinheitlicht werden in der letzten Liebe. Da Erkenntnis und Wille Offenbarungen des ungebrochenen Geistes sind, müssen sie in gebrochener Wirklichkeit gewissermaßen verneinend, einschränkend wirken, während die Wirkung von Gefühl und Begierde eine gleichsam bejahende, ausdehnende, dafür aber eine trügerische ist.

In einem Sinne muß der Mensch umfassend vereinheitlichen; in einem anderen Sinne muß er entschieden trennen. Er muß alle Inhalte von Erkenntnis und Wille im Ursatze zur Einheit zusammenfassen und in der Auswirkung all ihre Äußerungen trennen, um jede ganz zu erfüllen. So muß er zwar von oben her Vernunft und Gefühl einheitlich bestimmen, sie aber tatsächlich auseinanderhalten.

Bei der Besinnung aufs Göttliche ist dem Menschen die Vernunft bloßes Werkzeug zur Äußerung der Erkenntnis; er fällt nicht ihren Grenzen anheim wie diejenigen, welche in ihr einen Selbstzweck sehen. Er bestimmt die Vernunft vom Geiste her, damit sie sich letzten Endes auflöse, nicht im Unvernünftigen, sondern im Übervernünftigen, wie er das Gefühl nicht in demjenigen auflöst, das ihm widerspricht, sondern in dem, das ihm letzte Erfüllung ist.

Während die Urbesinnung eine geistige Begegnung mit dem Göttlichen ist und vom Kern unseres Wesens ausgeht, darin wir selbst göttlich sind, so daß eigentlich das Göttliche spricht und die Vernunft nur aufnimmt, ist das Gebet eine einzelmenschlich begrenzte Begegnung mit dem Göttlichen, die nur vom Innern des Ichs ausgeht, darin wir nicht göttlich, sondern vom Göttlichen verschieden sind, so daß wir zum Göttlichen sprechen mit unseren begrenzten Fähigkeiten und als das, was wir sind, also auch mit unserem Gefühl, und nicht als das, was wir durch die Erkenntnis sein können. Bei der Besinnung steht der Mensch sich selber fremd gegenüber, weil der durch die Vernunft leuchtende Geist anders ist als der Mensch und den Menschen bestimmt, um ihn zu vergeistigen; beim Gebet steht der Mensch dem Geist fremd gegenüber, weil das Gebet seinen Sinn im Menschen hat und selbstverständlich vom Menschen ausgeht, um eine schützende und stärkende Luft zu schaffen, in welcher die Besinnung nichts Feindseligem ausgesetzt ist und sich nicht zerstreut.

Vor der Besinnung wie vor dem Gebet muß der Mensch alles andere vergessen; nach der Besinnung oder nach dem Gebet muß er diese vergessen, damit er nicht von bloßen Bewußtseinsinhalten aufgesogen und besessen sei und sie jenseits seines wachen Bewußtseins wirken können. Denn was in den Menschen eingehen soll, wie bei der Besinnung, oder was von ihm ausgehen soll, wie beim Gebet, das muß durch die Form gehen, aber nicht, damit er der Form, die als solche immer begrenzt und unterschiedlich ist, anheimfalle, sondern damit er ihre Verhältnismäßigkeit erkenne und überwinde.

Die eine Urlehre zerbrach, je mehr sie Ausdruck bekam und je weniger die Menschen an ihrem Geiste teilhatten. Die Formen, in denen sie fortlebt, müssen verschieden sein, andernfalls sie keine Formen, sondern reiner Geist wären. Die Lehrformen nun, welche von der Besinnung ausgingen, blieben sie ihrer Formhaftigkeit bewußt und erkannten den Geist auch in den anderen Formen der Urlehre; die vom Gebet ausgegangenen Lehrformen aber verwechselten sich mit ihrer Förmlichkeit und sahen den Geist in ihr und daher nicht in den anderen Formen, am wenigsten in denen, die nicht vom Gebet, sondern von der Besinnung ausgingen. Es gibt zwei Quellen der Lehrbefugnis oder Unfehlbarkeit: Eine äußere, welche die tatsächliche Herkunft von der Urlehre bestätigt, und eine innere, die auf der Offenbarung des Geistes durch die unmittelbare Erkenntnis beruht. Die äußere Quelle ist als solche nur verhältnismäßig wahrheitlich, innerhalb dieser Verhältnismäßigkeit aber unbestreitbar zuverlässig; die innere Quelle ist in ihrem Gehalt die Wahrheit selbst und ist deshalb ungemein wichtiger als die äußere, so wie die eigene, unmittelbare Teilhaftigkeit eines Menschen am Geiste wichtiger ist als die vererbte, obwohl jene zu ihrer Auswirkung dieser bedarf. Die innere Quelle der Unfehlbarkeit kann jedoch die äußere durchbrechen, wie Jesus im Namen des Geistes und als Künder der Urlehre, wenngleich innerhalb bestimmter, aber notwendiger formhafter Voraussetzungen, die äußere Quelle, nämlich die jüdische Überlieferung, durchbrach und sich gleichzeitig durch seine Übereinstimmung mit den Gottgesandten auf diese Überlieferung berief und somit seine Verbindung mit der Urlehre bestätigte.

Wessen Geist in der Urlehre steht, der hat Macht über ihre Formen wie jener, der den Gedanken hat, auch Macht hat über die Worte. Wer aber in der überlieferten Form allein steht, hat keine Macht über die innere Quelle, es sei denn durch Anmaßung, denn er kennt nur die Form, nicht die Urlehre.

*

Wie der Leib alles wird, was er in sich aufnimmt, und zur Erde zurückkehren muß, weil er von der Erde lebt, so muß die Seele zur Täuschung zurückkehren, sofern sie von der Täuschung lebt. Wessen Erkenntnis nur vom Äußerlichsten, Vergänglichsten lebt, wird die Begrenzungen seines Wesens nicht überwinden. Wer auf einen Ruf der Erkenntnis nicht antwortet, wird auch auf tausend Rufe nicht antworten, und es wird ihm eine Zeit kommen, da kein Ruf der Erkenntnis mehr da sein wird, um Antwort zu werben, und da die einfache Wahrheit, die der Mensch hörte, ohne sie zu hören, oder sah, ohne sie zu sehen, von ihm gehen und ihn in seinen Irrtum fallen lassen wird; denn wenn der Mensch nicht einmal mehr des gebrochenen Widerscheins der inneren Quelle teilhaftig ist, bleibt ihm nichts mehr übrig als er selbst, nämlich als Schale und Verneinung. Die Wahrheit wird den Zweifler und Zauderer verlassen, wie die Sonne von der Erde scheidet und sie mächtig und kalt zurückläßt.

Der Mensch hat unbegrenzte Macht; denn er hat alle Macht, die vorhanden ist, und die Macht ist unbegrenzt; aber er weiß nicht, daß er sie hat, daß sie vorhanden und unbegrenzt ist; denn des Menschen Dasein ist Unwissenheit, und Macht ist der Ausdruck eines Wissens.

*

Alle Offenbarungen, wie alle Aussagen heiliger Schriften und wie alle Zeugnisse des Geistes überhaupt, haben mehrere Bedeutungen, welche sich gegenseitig nicht ausschließen, sondern zu einer die verschiedenesten Gebiete umfassenden Lehre ergänzen. Die rein geschichtliche Bedeutung eines Wortes steht in keinem Gegensatz zu seiner übersinnlichen Bedeutung, so wenig der geschichtliche Gottgesandte sich seiner allweltlichen und rein geistigen Bedeutung, deren menschliche Auswirkung er ist, oder seinem sinnbildlichen Zusammenhange mit der Sonne oder dem Feuer widersetzt.

Dasselbe gilt von der Lehrform, in welcher sich der Geist überliefert und für einen Menschheitskreis lebendig erhält; der buchstäbliche Sinn, welcher der Form und somit der Erhaltung des Geistes, und sei es auch eine geminderte Erhaltung, durchaus notwendig ist, kann sich nicht der ewigen Wahrheit widersetzen, von welcher er ein Abglanz und ein gebrochener Anblick ist, und kann nicht verhindern, daß aus dem Buchstaben und dem formhaften Ausdruck im allgemeinen ein Sinn hervorgehe, der das Buchstäbliche, Formhafte übersteigt und in seiner äußerlichen Bedeutung, seiner notwendigen Anwendung auf die menschliche Gesellschaft auflöst; weshalb dieser Sinn der Form nicht einverleibt werden kann, da er wegen der Unwissenheit der meisten eine Gefahr für die Lehre und ihre Erhaltung bedeutete; so muß der innere Sinn der Lehre, vom Buchstaben beschützt, denen überlassen bleiben, die ihn nicht nur schadlos erfassen, sondern auch als Wegweisung zur formfreien Geistigkeit der ewigen Urlehre verwirklichen können. Wollte man einwenden, der innere Sinn einer Überlieferung widersetze sich seinem buchstäblichen Sinne und seinen gesellschaftlichen Folgerungen, so vergäße man, daß die Wahrheit selber in gewissem Maße ihren möglichen Formen widerspricht, dadurch, daß sie eben mehr ist als alles Formhafte, und daß dennoch die verhältnismäßig verfälschende Form zum Ausdrucke der Wahrheit und zu ihrer Lebensfähigkeit innerhalb bestimmter Bedingungen notwendig ist und nicht menschlichem Willen entspringt; und daß diese verhältnismäßige äußere Verfälschung noch tiefgehender sein muß bei Lehrformen, die ihren Ursprung in der gebethaften, nicht in der rein besinnlichen Einstellung nahmen, was daraus erhellt, daß das Gebet vom Menschen ausgeht und im Menschen seinen Zweck hat, während die Besinnung vom Geiste ausgeht und ihren Sinn im Geiste hat.

Ein heiliges Wort hat alle Bedeutung, die es haben kann, und schließt keine aus. So gelten auch Worte Jesu gegen Vertreter der äußeren Quelle, welche die Unfehlbarkeit und Daseinsberechtigung der inneren Quelle leugnen wie alles, was den äußersten buchstäblichen Sinn übersteigt und über die Form hinausreicht und jenseits der Form Geltung hat.

Macht ist nichts anderes als ausgewirkter Geist, wie auch Geist ursätzliche Macht genannt werden kann, mit dem Vorbehalt, daß der Geist an sich nicht Macht ist und ihrer nicht bedarf, so wenig als der Gehalt den Stoff zu seiner Rechtfertigung benötigt. Wenn Macht in ihrem Ursatze Geist und Geist in seiner Auswirkung Macht ist, so besteht im Urbilde des Geistes, im Sein, eine solche Unterscheidung nur insofern, als man das Sein entweder im Sinne seiner Wahrheit oder im Sinne seiner Wirklichkeit betrachtet. Die durch den Geist ins Herz einströmende Erkenntnis antwortet den durch die Sinne einströmenden Wahrnehmungen durch ihre Kundgebung als Wille; der Wille ist eine bestimmte Tätigkeit nach außen hin, während die Begierde nichts ist als ein von außen her bestimmter Verlust des Willens, eine Hingabe an die Erscheinungen. Der Geist ist einer; beantwortet der Wille den Geist statt dessen gebrochene Spiegelungen, so geht er über die Erscheinungen hinweg oder durch sie hindurch und antwortet auf den einen, im Unterschiedlichen, Vielen verborgenen Gehalt; der Wille wird dadurch eins wie der Geist, der Zauber der Erscheinungswelt ist durchbrochen und aufgelöst, die Unwissenheit, welche das Herz verhärtete und beschwerte, ist überwunden, und der reine Geist strahlt wieder in seiner ursprünglichen Alleinherrlichkeit, einsam und göttlich und unbedingt frei von allen Begrenzungen, ganz aufgesogen von der letzten Wirklichkeit und in nichts unterschieden von ihr.

*

Der gewöhnliche Begriff der Erkenntnis bedeutet vor allem ein Unterscheiden, eine Bestimmung des Erkenntniswerkzeugs von außen her, eine Ergriffenheit von anderem, welches sich durch irgendwelche Eigenschaften von seiner Umgebung abhebt. Die Erkenntnis Gottes ist das Erlebnis Seiner Einzigkeit durch Sich selbst; Gottes Selbstschau kann aber bloß sinnbildlicherweise dem gewöhnlichen Erkenntnisvorgang verglichen werden, so daß nur aus begrifflicher Notdurft gesagt werden kann, Gottes Wirklichkeit sei der Inhalt oder Gegenstand seiner Erkenntnis. Die Unterscheidung zwischen Erkenntnis und Wirklichkeit besteht durch die Begrenztheit der gebrochenen Erkenntnis allein, weil diese nicht an die eine Wirklichkeit hinanreicht und die Zerspaltungs- und Zersetzungsweise, welche dem gebrochenen Dasein innewohnt, nicht zu überwinden vermag.

Das Weltganze ist ein Erkenntniskreis oder ein Bewußtseinszustand. Die Irdische Geschöpfwelt ist ein anderer; sie zerfällt wiederum in zahllose weitere Kreise oder Zustände, bis zum einzelnen Erkenntniswerkzeug des einzelnen Geschöpfes oder gar bis zum einzelnen, zeitlich begrenzten Erkenntnisvorgang eines einzelnen Werkzeuges. Die Welt ist ein tausendfach zerspalteter, tausendfach sich selbst wiederholender Bewußtseinszustand, der in unzähligen Abarten schillert. Diese Selbstwiederholungen des allweltlichen Bewußtseinszustandes stufen sich auf bis zur ungebrochenen Erfaßnis der Wirklichkeit. Die waagrecht von den Grundfesten der Pyramide an übereinanderliegenden, sich verengend bis zur Spitze aufsteigenden Ebenen – deren Zahl unbegrenzt ist, da sie keine senkrechte Ausdehnung haben – versinnbildlichen die zahllosen allgemeinen Bewußtseinszustände, die sich in ebenso zahllose, weil unausgedehnte Zellen zerteilen; diese bedeuten ihrerseits die Einzelerscheinungen solcher Bewußtseinstebenen. Die Spitze der Pyramide ist dann der ausdehnungslose Punkt, der das Unermeßliche berührt und gleichsam einsaugt, um es in umgekehrt und einwärts sich verwirklichende Auswirkung zu verwandeln.

Jenes Unermeßliche aber ist reines Licht. Beim Eingehen durch die Spitze der allweltlichen Pyramide verdunkelt es sich, wird es in gebrochenes oder gefärbtes Licht übersetzt. Es breitet sich dann über die erste Bewußtseinsebene aus und zerrinnt in den zahllosen Zellen, die es abermals brechen und verwandeln. Die Ebenen von der unausgedehnten Spitze bis zu irgendeiner waagrecht ausgedehnten Ebene, scheinen sie der Spitze verhältnismäßig noch so nahe zu liegen, sind unzählbar; denn wenn der Übergang von der als unterste betrachteten Ebene bis zu einer anderen Ebene endlos in weitere Ebenen teilbar ist, kann es gar keinen eigentlichen Übergang vom Ausdehnungslosen zum Ausgedehnten geben, so wenig es einen Übergang vom Sein zum Seienden geben kann.

Die Welt ist ein Bewußtseinszustand; sie ist also ein Erkenntniszustand. Von der Spitze der sinnbildlichen Pyramide bis zum Boden verdunkelt sich die Erkenntnis. Was durch die Spitze hindurchleuchtet bis zum Boden, ist Erkenntnis. Die äußersten Erkenntniszellen leben von Erkenntnis. Jede Erkenntniszelle ist mit der Spitze der Pyramide durch eine Gerade verbunden. Zahllose Strahlen gehen von der Spitze aus zum Boden; der mittlere Strahl durchsticht alle Ebenen bis zum Boden in ihrer Mitte und beherrscht also jede Ebene von der Mitte aus, so daß gesagt werden kann: Die Mitte ist der Gottgesandte oder der Gottessohn, der Strahl der heilige Geist, die Spitze der göttliche Sender oder Vater, die Ebene die äußere Lehrquelle, jeglicher Punkt auf der Ebene ein Widerschein des Wortes, ein Mensch, und jeglicher Strahl ein Widerschein des heiligen Geistes oder ein besonderes Offenbarwerden des heiligen Geistes durch die innere Lehrquelle. Die um den Mittelstrahl gescharten Strahlen entsprechen der inneren Lehrquelle insofern, als ihr Endpunkt dieser Quelle tatsächlich teilhaftig ist; je weiter sich die Strahlen vom Mittelstrahl entfernen, desto mittelbarer wird diese Teilhaftigkeit, weil der Strahl seinen Endpunkt nur auf schrägem Wege erreicht. Die Teilhaftigkeit des gewöhnlichen Menschen an der inneren Wissensquelle ist in der Tat bloß noch ursätzliche Möglichkeit.

Die Spitze der Pyramide kann den Urgehalt bedeuten und der Boden den Urstoff. So bedeuten auch die Kanten entweder die ursätzliche oder urgehaltliche Anwendung der Spitze auf die Ausdehnung und die durch die Kanten begrenzten seitlichen Flächen die tatsächliche oder urstoffliche Anwendung der Spitze. Im gleichen Sinne ist jede waagerechte Ebene von Eckpunkten und Grenzlinien eingerahmt, denn ihre Begrenzung muß eine ursätzliche und eine tatsächliche, eine gehaltliche und eine stoffliche zugleich sein; das heißt, die durch Spitze und Boden dargestellte ursätzliche Zweiheit muß sich in Kanten und Flächen als ausgewirkte Zweiheit wiederholen. Die Pyramide ist eine Erweiterung des Wunderbaren, das sich in der Berührung der unausgedehnten Spitze und der ersten Ebene vollzieht. Die Mitte jeder Ebene, ist gesagt worden, entspricht dem Gottgesandten, Lehrer oder Gesetzgeber oder dem Worte überhaupt.

Die geringsten Bruchteile der Pyramide hängen mit deren Spitze zusammen wie die geringsten Bewußtseinszustände mit der reinen Erkenntnis. Ein Sinneseindruck hat an der reinen Erkenntnis teil durch die Wahrnehmungsfähigkeit, die mit den anderen Sinnen am Verstande teilhat; der Verstand seinerseits, der die Mitte ausmacht, wo die Sinne sich treffen, hat an der Erkenntnis teil durch seine Verbindung mit dem Herzen, dem inneren Erkenntniswerkzeug und Sitz des Geistes. Vom Herzen aus, das die Wirklichkeit auffängt, strahlt die Wirklichkeitserkenntnis ins Gehirn und verwandelt sich in Begriffe und Gedanken, die ihre Formen und äußeren Beweggründe durch die Eingänge der Sinne der äußerlich wahrnehmbaren, der sinnlichen Wirklichkeit entnehmen. Wenn gesagt wurde, das Herz sei der Sitz des Geistes, so ist dies nicht also zu verstehen, als ob der Geist im Herzen enthalten und eingeschlossen sei, sondern das Herz ist das für die Strahlungen des einen und unbegrenzten Geistes empfindliche Erkenntniswerkzeug, wie das Auge für das sinnliche Licht, das Ohr für die sinnlichen Schwingungen empfindlich ist. Was aber die Sinneswerkzeuge als Gebrochenes, Zertrümmertes in den Verstand bringen, dessen Sitz im Gehirne ist, das bringt das Herz als Einiges, Ganzes in den Verstand, in dem Maße, als es für das geistige Licht oder die geistigen Schwingungen empfänglich ist. Das Gehirn ist die Mitte des Menschen als solcher, das Herz ist seine Mitte als Wesen überhaupt; das Gehirn ist seine unterscheidende, kennzeichnende Mitte, durch die er Mensch ist; das Herz macht seine verbindende, einigende Mitte aus, durch welche er göttlich ist. Im Gehirn wirkt sich aus den beiden Wirklichkeitserkenntnissen, der äußerlich-sinnlichen und der innerlich-geistigen, die Weltanschauung des Menschen aus. Das Herz ist das einheitliche, göttliche Auge, die

Sinne sind das gebrochene, zerteilte; die einheitliche Erkenntnis des Herzens strömt verallgemeinernd, bestimmend, vereinheitlichend in die gleichsam hohlen Sinneswahrnehmungen ein und verwandelt sie in Begriffe. Die Menschen neigen entweder den Sinnen oder dem Herzen zu, entweder den Erscheinungen oder dem Sein und leben folglich entweder in Gefühlen und Vorstellungen oder in der Vernunft und im Gedächtnis. Während aber die Vernunft ihre Bestimmung vom Geiste empfängt und sich des Gedächtnisses nur zu ihrer Auswirkung bedient, und wie der Gehalt zu seiner Auswirkung des Stoffes bedarf, so empfangen die Gefühle ihre Bestimmungen von den Erscheinungen, also von nichts Ursätzlichem, sondern von bloß Tatsächlichem und übersetzen folglich keinen Gehalt ins Unterschiedliche, um diese Erscheinungen zum Einheitlichen zurückzuführen, sondern in bloß tatsächliche, wandelbare Bestände wie Gefühle, um das also Vereinte wieder ins Unterschiedliche hinauszustreuen.

Wessen Herz stumpf ist, der bestimmt die Erscheinungen mit wenig Erkenntnis, hat also ungenügende oder falsche Begriffe und läßt sie durch Tatsachen bestimmen. Dagegen hat Stumpfheit oder Schärfe der Sinne keine Bedeutung für den Geist, weil das Tatsächliche fürs Ursätzliche bedeutungslos ist.

Durch die unmittelbare Teilhaftigkeit am Geist ist der Mensch sich des Geistes und der Abhängigkeit und Verhältnismäßigkeit der Vernunft bewußt; durch die mittelbare Teilhaftigkeit ist er in die Vernunft eingeschlossen; wodurch sie denn auch Weise von bloßen Denkern unterscheiden.

Angesichts dessen, was die Sinne dem Wesen bringen, antwortet es nur je nach der Empfängnisfähigkeit seines Herzens entweder auf die unmittelbare Erscheinungswirklichkeit oder auf die von ihr übermittelte Wirklichkeit, ist sein Wille also entweder wie die Erscheinungswirklichkeit zersplittert oder wie die in ihr ausgedrückte und zugleich verschleierte Wirklichkeit einheitlich.

Die fünf Sinne bedeuten eine fünffache Versinnbildlichung und zugleich eine fünffache Abwendung von der reinen Wirklichkeit; diese Abwendung ist die Folge einer Herzensverhärtung, einer Entfremdung, durch welche das Herz des Geistes Strahlung nur gemindert empfängt. Aber der bloß tatsächliche Mittelpunkt des Menschen liegt in seinem Gehirn, ist sein sechster oder mittlerer Sinn und macht alles aus, was man Seele nennt; deshalb heißt die Welt überwinden, die Seele überwinden, das Ich, das Gehirn, weil kein Reicher ins Reich Gottes kommt und wir durch die enge Pforte eingehen müssen.

Das Herz ist das verlorene Eden in uns oder die verlorene Urlehre, das verlorene Wort, der vergessene Name Gottes, der geschiedene, am Ende der Welt wiederkehrende Ausgesandte. Die Folge des Dranges nach außen, der Suche des falschen Eden außerhalb des Herzens, die Antwort auf mindere Wirklichkeit, war der Zerfall des Bewußtseins in Erkenntnis und Wille, die unzertrennlich eins sind im Göttlichen. Die Formen der Geschöpfe entsprechen den Sinnendingen, denen sie sich zuneigten, um das verlorene Eden zu finden. Die Sinne herrschen über die Geschöpfe, daher ist das Herz versunken, vom menschlichen Standpunkte aus vernunftlos, aber dennoch Mitte aller Geschöpfe; worin sich der Widerspruch kundtut, daß das Ich des Menschen nicht in seiner Mitte liegt und trotzdem Mitte des menschlichen Bewußtseins ist. Dieses Bewußtsein, wie das Ich und das Menschliche überhaupt, liegt im Vergänglichen. Jedes Geschöpf versinnbildlicht die geistige Dämmerung: Gott ermöglicht und erhält die Welt, ist aber nicht in ihr, ist zwar ihre letzte Ursache, nicht aber ihr unmittelbarer, begrenzender Beweggrund.

Beim gewöhnlichen Menschen ist das Gehirn geistige Mitte, also die Unwissenheit und der Zweifel; beim geistigen Menschen ist das Herz geistige Mitte, also Gewißheit und Einheit. Deshalb hat der geistige Mensch sein Ich aufgelöst, ist er ins Ich eines jeden Wesens eingegangen, hat er das Selbst gefunden, das eins ist und im Herzen liegt. Diese Überwindung des Ichs spricht das Wort aus: Liebe deinen Nächsten wie dich selbst.

*

Die Erkenntnis, daß der Geist frei ist, schließt die Erkenntnis in sich, daß das Nichtgeistige nicht frei ist.

Wer die Freiheit des Geistes anerkennt, muß auch die Knechtschaft des Fleisches anerkennen; will er fleischlich frei sein, muß er auch die Freiheit des Geistes leugnen.

Wessen Herz empfänglich ist und vom Geiste bestrahlt wird, der bestimmt die sinnlichen Strahlungen nach dem Bewußtsein, das er vom Geist hat; da der Geist eins ist, bestimmt er die Erscheinungen einheitlich. Der Wille des Menschen ist dann einheitlich wie seine Erkenntnis und wie der Geist.

Der Mensch ist ein Bewußtsein, vom Geiste her, und ein Dasein, von der Wirklichkeit her. Wenn sein Herz gesund ist, kehrt sein Bewußtsein in den Geist und sein Wille in die Wirklichkeit zurück. Sein Bewußtsein kehrt gleichsam in die Mitte zurück und sein Wille in die Gegenwart.

Der Wille hat seinen Sinn einzig und allein in der Erkenntnis.

*

Eine Form ist nie überzeugend, ein Wort nie beweiskräftig an sich; das Ursächlichkeitsbedürfnis ist verschieden nach Menschen und Zeiten. Eine Form wird dadurch überzeugend, daß sie mit der inneren Überzeugungsquelle übereinstimmt; ein Wort ist dadurch beweiskräftig, daß das Licht der inneren Beweisquelle darauf fällt. Alles, was zur Rechtfertigung des Formhaften vorgebracht werden kann, das kann nur verhältnismäßig das Formhafte rechtfertigen.

In heiligen Schriften gibt es keine Widersprüche, sondern nur verschiedene Gesichtspunkte, deren Äußerungen denen widersprüchlich scheinen, welche am Formhaften stehen bleiben oder zersetzenden Geistes sind; diese suchen nichts zu verstehen, sondern nur zu leugnen, zu verneinen und zu vernichten.

*

Bewußtsein ist Abgrenzung. Das Grenzenlose ist überbewußt; die Grenzen sind unbewußt. Jeder Gedanke und jede Regung ist eine Abgrenzung, ein innen ans Grenzenlose anklingendes, außen begrenztes Bewußtsein.

Jeder Gedanke ist eine Begrenzung und eine Erweiterung zugleich; dabei ist er entweder das Eine oder das Andere.

III

DRITTE SAMMLUNG

geschrieben anno 1932
zu Basel, Lausanne und zu Marseille

Wir sind in allem, das wir erkennen – und alles, das wir erkennen, ist in uns. Es kann kein Zweifel darüber bestehen, daß wir erkennen; denn selbst wer behauptet, wir könnten nichts erkennen, nicht einmal, daß wir nichts erkennen könnten, geht schon von mannigfachen Erkenntnissen aus, anders es ihm unmöglich wäre, nicht nur seinen Irrtum zu behaupten, sondern auch bloß sich zu bewegen, zu gehen, zu leben überhaupt; denn es gibt keinen Zweifler, der es um der Folgerichtigkeit willen verschmähte, von seiner Erkenntnis Gebrauch zu machen; sonst unterschiede er ein Brot nicht von einem Stein. Also muß er zugeben, daß er zum mindesten verhältnismäßig erkennt; denn ginge keinerlei Erkenntnis in ihn ein, könnte auch keinerlei Rückwirkung von ihm ausgehen, und er könnte nicht handeln; alle Handlung ist eine Bestimmung, die aus einer Unterscheidung hervorgeht, und alle Unterscheidung setzt Erkenntnis voraus und ist Erkenntnis. Sowie aber zugegeben ist, daß eine noch so begrenzte und verhältnismäßige, aber immerhin eine Erkenntnis vorhanden ist, besteht kein anderer zureichender Grund, dieser Erkenntnis begriffliche Schranken zu setzen als die Beschränktheit derer, die sich mit ihrer Unwissenheit brüsten und sich Zweifler nennen, um sich aller Erkenntnis, die das Menschliche und seine Notdurft übersteigt, und besonders den

Folgerungen solch reiner Erkenntnis zu entziehen. Denn nichts ist einfacher, als das zu leugnen, was uns übersteigt und dessen Folgerungen uns binden können. Bindung durch den Geist aber ist wahre Freiheit.

Der Mensch ist ursprünglicherweise ein Erkennender, ein Wissender; die absichtliche Begrenzung seiner Erkenntnis und infolgedessen seines Willens ist Verderbnis und Entartung; und so ist auch der begriffliche Zweifel ein Künstliches, nichts dem Menschen Angeborenes, nichts dem Menschen unmittelbar Einleuchtendes. Der tatsächliche Zweifel ist eine tatsächliche Unwissenheit, eine Schwäche des Geistes; der grundsätzliche Zweifel ist eine grundsätzliche Unwissenheit, eine Krankheit des Geistes, ein Wahn.

Denken ist eines, Gedacht-werden ein anderes. Die wenigsten denken, denn sie sind es, die gedacht werden. Es besteht nicht das rechte Verhältnis zwischen ihnen und ihren Gedanken; denn sie kennen sich nicht. Es besteht auch nicht das rechte Verhältnis zwischen ihren Gedanken und deren Gegenständen, denn ihre Gedanken wissen nicht, was sie sind. Wer denkt, dessen Gedanken sind nicht ihre Gegenstände, und er selbst ist nicht seine Gedanken.

*

Wir essen, wir trinken, wir schlafen. Jedoch leben wir nicht allein dadurch.

Denn der Mensch lebt nicht vom Brot allein, sondern von jeglichem Worte, das aus dem Munde Gottes kommt.

Wir essen, weil es Tag ist, wir schlafen, weil es Nacht ist. Wir könnten ohne Tag und Nacht nicht leben.

Aber wovon sollen wir sonst leben, wenn nicht vom

Brot allein? Wir sollen von diesem, von jenem leben, je nach dem Worte aus dem Munde Gottes, das uns traf. Und wir sollen auf dieselbe Weise nach diesen Worten leben, wie wir nach Speise, Trank und Schlaf leben – wie von Tag und Nacht, Aufgang und Untergang der Sonne geleitet.

Alle Bewegung ist durch Schwingung getragen, vom Bedeutsamsten bis zum Geringsten.

Wer nun an der geistigen Speise zweifelt und vermeint, der Anbetung entrinnen zu können, die Gott als Gesetz über uns verhängt hat, der vergißt, daß diese Anbetung nicht nur die ursprüngliche Anlage des Menschen ist, sondern daß jeder Mensch, ob er sie leugne oder nicht, an ihr beteiligt ist; daß jede unterlassene Bekundung des Geistes keine bloße Unterlassung, sondern zugleich eine Bekundung des Scheines, des Truges, des Irrtums ist, den der Mensch anbetet. Niemand kann nicht anbeten wollen, denn dadurch geriete er in Widerspruch mit sich selbst: Denn jegliches Haus, das wider sich selbst geteilt ist, geht zugrunde.

So ist jeder ein Beter. Aber die Einen wissen, daß sie anbeten und was sie anbeten und sind eins mit ihrer ursprünglichen Bestimmung, während die andern nicht wissen, daß sie anbeten, noch was sie anbeten, und mit ihrer ursprünglichen Bestimmung uneins sind.

*

Die Gedanken und Handlungen entstehen aus Absichten. Welches ist aber die Beschaffenheit dieser Absichten? Sie sind Kundgebungen der Unwissenheit, die sich nicht vom Leiden unterscheidet. So verneinen alle Gedanken, welche innere Handlung sind, und alle Handlungen, welche veräußerte Gedanken sind, sofern sie aus dem bloß Menschlichen kommen; sie bejahen aber, sofern sie vom Geiste kommen.

Für die Menge gibt es Sünden, die aus Gewissesgründen vermieden werden müssen; und so glaubt die Menge an Tugenden. Für den geistigen Menschen gibt es nur Fehler, Gleichgewichtsbrüche, Irrtümer, Verkehrtheiten, die aus Gründen der Folgerichtigkeit vermieden werden; er glaubt an keine Tugend, sondern nur an geistige Einstellung, Teilhaftigkeit am Geiste, die durch ihr Überwiegen und ihren Durchbruch im Menschen alle inneren und äußeren Kundgebungen des Menschen durchstrahlt und am Geiste teilhaben läßt, so daß der gesamte Mensch gleichsam ins Geistige eingesogen wird und also aus dem tausendfältigen Tode des Irrtums im einigen Geist aufersteht – wie Christus aus dem Tod des Fleisches im Geiste auferstand, und wie das Fleisch des Henoch, des Elias, der Maria hingenommen und vom Geistigen aufgesogen ward.

Der Mensch sündigt oder irrt sich, weil sein Herz lahm ist; er hört, ohne zu hören und sieht, ohne zu sehen. Er glaubt das Geistige zu wollen, aber er will es nicht und kann es nicht wollen, sofern er es nicht kennt.

Wenn ein Mensch fragt, warum er das Geistige wollen solle und warum nichts außerhalb des Geistigen, so sei ihm ein Feuer angefacht, darein er seine Hand halte, und es sei ihm gesagt: Außerhalb des Geistes gibt es nur Unwissenheit, und Unwissenheit ist nichts als dieses Feuer. Will der Mensch nicht einmal seine Hand verbrennen, wie viel weniger soll er da ganz verbrennen wollen und nicht nur fleischlich, sondern an allem, durch das er Mensch ist. Und wie kann er nicht den Geist und nichts außerhalb des Geistes wollen, wenn doch alles andere nicht des Geistes, sondern der Unwissenheit und des Feuers, des Leidens ist?

Auf das Wahrnehmen des einzelnen antwortet sein Handeln. Auf die Erkenntnis des Herzens antwortet das Leben. In anderen Worten: Auf die Erkenntnis einer Einzelheit antwortet eine Handlung. Auf unsere allgemeine und angeborene Erkenntnis der Wirklichkeit antwortet das Leben. Wie auf die Erkenntnis des Schönen Liebe erfolgt oder auf die Erkenntnis des Angriffs Verteidigung, so geht aus einer besonderen Erkenntnis der Wirklichkeit Leben hervor. Leben ist also Unwissenheit, denn wäre es reines Wissen, wäre es auch reine Wirklichkeit und Freude.

Für die meisten ist der einzelne Mensch kein bloßer Trümmer des einen Geistes, sondern ein selbstherrliches, ewiges Wesen. Der Geist wird vielheitlich gedacht, weil man das Wort mißversteht, es seien viele Wohnungen in des Vaters Hause. Doch das bedeutet: Nicht jedes Wesen geht also in Gott ein, auf daß es in Ihm aufgelöst werde und nicht mehr verschieden von Ihm sei, sondern viele bleiben in den äußeren himmlischen Kreisen.

*

Was endlich ist, bleibe endlich; denn was unendlich sein soll, das ist schon unendlich.

Was sind Gedanken und Handlungen? Es sind ohnmächtige Versuche, innerhalb des Endlichen das Unendliche zu verwirklichen; es sind Versuche des Endlichen, unendlich zu werden. Das Endliche will unendlich werden, weil es nicht weiß, daß es im Grunde unendlich ist und daß seine Endlichkeit nur auf dieser Unwissenheit beruht. Das Endliche hat Ohren zu hören und hört nicht; Augen zu sehen und sieht nicht; es kennt das Göttliche, ohne es zu kennen; deshalb will das Endliche dem Göttlichen gleich werden und sich bejahen, ausbreiten, verherrlichen, aber ohne sich aufzugeben; das Endliche will als Endliches göttlich sein, und weil es tatsächlich in einem Sinne göttlich ist, andernfalls es nicht einmal endlich und überhaupt nicht sein könnte, hat es Freude, Herrlichkeit und Wirklichkeit; weil es aber nicht das Göttliche ist, hat es Leiden und Ohnmacht, ist es unwirklich. Daher ist, was in der Auswirkung kundgetan wird, ein Preis des Göttlichen und ein Aufruhr wider das Göttliche zugleich.

Dieser Wahrheit Erfaßnis löst das Verhärtete, Zusammengeballte, Dichte auf und kann der Verdunstung im Raume verglichen werden. Oder das Wesen ist in dieser Wahrheit wie das Wasser, das fließende, immer sich einende. Diese Wahrheit führt in die Mitte aller Dinge und befreit von der trügerischen, scheinbar einzigen Mitte des Ichs. Durch ihre Einstellung zu dieser Wahrheit ist die Welt im Göttlichen. Der Weg zu dieser Wahrheit und ihrer Erlösung ist Einsinken ins Unabwendbare, ist restlose Ergebenheit in den göttlichen Willen, der sich durch die Bestimmungen, welche das Wesen von der übrigen Welt absondern und gewissermaßen einzig werden lassen, offenbart. Diese Wahrheit löst von innen auf, sie durchdringt, sie sickert in alle Poren des Verhärteten. Denn im Herzen jeder Pore ist reiner Friede, reine Freude, reine Unschuld, reine Güte, reine Schönheit in unermeßlicher Fülle. Im Innern der Dinge sind Leichtigkeit und Duft, nichts Widersprüchliches, nichts Gewaltsames, nichts Einschränkendes, nichts Verneinendes, keine Härte, kein Haß, kein Kampf, sondern Gleichgewicht und Einklang. Der Geist der Mitte ist nüchtern und gelassen, kühl und gleichmütig wie die ewigen Gesetze. In der Mitte des Mannes ist das Weib, und wüßte er's gänzlich, so suchte er das Weib nicht mehr; im Inneren ist die Erlösung, ist das Einende, ist die Süße. Im Innern ist reine Bejahung, reine

Liebe. Die Erscheinungen sind zersetzende Bejahung; durch ihr Dasein bejahen sie, ihr Dasein aber verneinen sie, nämlich insofern sie da sind. Aus dem Inneren kommt das Abgewogene, Ausgemessene, Abgeklärte; aus ihm kommen die rechten Verhältnisse, der rechte Aufbau, das Gleichmaß, die Schwingung. Deshalb nimmt, wer sich selber aufgelöst hat und dadurch in alle Wesen verteilt ist und sich gleichsam über die ganze Welt ausdehnt, dabei aber kein Hier, kein Ich hat, widerspruchslos die göttlichen Bestimmungen an, die als besonderes Gesetz über ihn verhängt sind und eigentlich aus seiner eigenen Verfassung hervorgehen.

Aus dieser Ergebenheit wachsen alle Dinge. Kein Wesen kann gewaltsam entstehen, sondern muß langsam ausreifen, muß tief Atem holen, muß sich in restloser Hingabe an ewige Gesetze entfalten. Diese Hingabe ist die göttliche Gegenwart in den Erscheinungen, wie das Maß die Gegenwart der Mitte in den Dingen oder eine Anwendung der Mitte auf die Dinge ist. Sofern der Mensch nun endlich ist und dem Endlichen Rechnung tragen muß, kann er nichts anderes und nichts Besseres tun, als sich in seine Endlichkeit zu ergeben, sie zu verstehen, zu erkennen, in dem Sinne, daß er nicht mehr suche, im Endlichen das Unendliche zu verwirklichen, und ins Unabwendbare einsinke, begierdelos und ohne Trunkenheit, austrinkend nur den Kelch seines Daseins. Durch diese Ergebenheit findet er das Weib in sich, das ihn erlöst und beruhigt. Er wird wie Regen über die ganze Erde ausgegossen sein; er wird durch seine leidenschaftslose Mitte sehen und wird in den Erscheinungen ihre jeweilige Mitte schauen, und diese Mitte wird seine Mitte sein, und seine Mitte wird die Mitte jeder Erscheinung sein. Diese Mitte ist die Heilkraft, die Segnende, die alle Übel überwindet.

Sofern der Mensch aber unendlich ist, nämlich im reinen Geiste, zu dem das Herz der Eingang ist, kann er in keiner Weise etwas anderes als das eine reine Unendliche erkennen. Hat der Standpunkt der Ergebenheit eine Dreiheit in sich, so ist der ihm entgegengesetzte Standpunkt zweiheitlich; denn während der vorhin erklärte Standpunkt auf der Dreiheit Unendlichkeit, Endlichkeit und Versöhnung der beiden beruht, gibt es für den anderen Standpunkt nur die unversöhnliche Zweiheit von Geist und Täuschung, Sein und Nichtsein, Wirklichkeit und Schein. Dieser andere Standpunkt geht aus der Verneinung der Wirklichkeit in den Erscheinungen hervor. Deshalb kann dieser Standpunkt im Gegensatz zum vorhergehenden, bejahenden, der verneinende Anblick genannt werden, was jedoch nur in Hinsicht auf die Auswirkung, also das Daseiende, Vorhandene Sinn hat. Dieser verneinende Anblick, dessen Sinnbildlichkeit in der Zeit liegt, wie die des bejahenden Anblickes im Raume, ist ausschließlich und einzig; er führt den Menschen in den reinen Geist zurück und verbrennt durch ihn die Erscheinungen; er sieht als Geist und sieht nichts als Geist. Wie die Teilhaftigkeit der Erscheinungen am Göttlichen Ergebenheit und Friede bedeutet, so bedeutet die Nicht-Teilhaftigkeit der Erscheinungen am Göttlichen Nicht-Ergebenheit, Aufruhr und Kampf. Diese Nicht-Teilhaftigkeit ist das Begrenzende, Teilende, Trennende, Verneinende, das Bestimmende im Gegensatze zum Unendlichen, das Feuer im Gegensatze zum Wasser; denn während das Feuer nur ein einziges Feuer sein kann, dieses aber immer ganz Feuer ist, kann Wasser mancherlei Wasser sein und ist nie ausschließlich Wasser.

Groß scheint, wer sich der Einheit ergibt, wie ein kleines Kind, das sich an der Mutter Brüste hängt. Dieser scheint groß, aber er ist es nicht, denn seine

Größe ist der Einheit Größe; nur die Einheit, die letzte, tiefe, ist groß.

*

Die heiligmachende Gnade ist nichts anderes als ein Erkenntnis-Einfluß. Ohne Erkenntnis kann der Mensch nichts wollen; und wollte er Gott ohne Erkenntnis, wäre sein Wille sinnlos. Man kann Gott nicht wollen, ohne Ihn im Maße dieses Willens zu erkennen; denn ohne Erkenntnis hätte dieser Wille keinen zureichenden Grund.

Kein Gottgesandter hätte Gleichnisse gegeben, wenn er gedacht hätte, man käme anders zu Gott als durch Erkenntnis; er hätte nur Befehle gegeben. Also hat auch niemand gelehrt, die Wahrheit fuße nur auf den äußeren Beweisen seiner Sendung.

Den Geist erkennen, das ist erkennen, daß es nur Geist gibt und nichts als den Geist.

Den Geist wollen, das ist, nichts wollen als den Geist und alles im Geiste.

Der Mensch kann nicht wider seinen Glauben handeln. Sein Glaube ist aber seine Berufung und sein Gesetz. Fruchtbar ist der Mensch nur in dem, was er glaubt. Ohne den Glauben betrügt er sich selbst und andere.

*

Was im Herzen ist, das ist dem Geist ein Hindernis, in den Menschen einzudringen; was den Menschen umgibt an Erscheinungen und Ereignissen, entspricht dem, was in seinem Herzen ist.

Auf zweierlei Art steht der Mensch in der Welt, im bejahenden, ausdehnenden Sinne durch die Erscheinungen, im verneinenden, zusammenziehenden Sinne durch die Ereignisse. Die Erscheinungen bestimmen seine Erkenntnis, die Ereignisse bestimmen seinen Willen; zugleich unterscheidet und überwindet seine Erkenntnis die Erscheinungen, und sein Wille eint und überwindet die Ereignisse.

*

Zweierlei soll der Mensch immer sein: Einerseits Krieger und Sieger und andernteils Priester und Opferer. Er muß verachten und kämpfen, doch lieben und segnen zugleich.

Der Mensch muß des Argen gewärtig sein, ohne es zu fürchten, und des Guten, ohne es zu erhoffen.

*

Das Göttliche ist die Ursache. Alles Bejahende ist Seine Folge. Das Verneinende ist nur insofern Seine Folge, als es verneinte Bejahung ist; nur also können das Falsche, Schlechte, Schwache, Häßliche ebenfalls gewissermaßen Seine Folge sein. Das Verneinende ist vorhanden, weil im Göttlichen die Möglichkeit einer scheinbaren Verneinung Seiner Wirklichkeit liegt, welche Möglichkeit ein Ausdruck Seiner Allmöglichkeit ist. Das Göttliche ist reine Bejahung; reine Verneinung kann es nicht geben, denn nichts kann sich dem Göttlichen widersetzen, und was Sein Gegenteil zu sein scheint, ist es nur verhältnismäßigerweise und scheinbar. Denn wäre es durchaus Sein Gegenteil, so könnte es nicht einmal sein, denn das Sein ist der einheitliche Anblick des Göttlichen. Das Gegenteil des Göttlichen wäre das Nichts, aber das Nichts ist nichts; es kann sich nur als Ausdruck der göttlichen Allmöglichkeit ganz bedingt im Sinne einer Verminderung auswirken, nie im Sinne einer reinen Verneinung; es kann die Wirklichkeit brechen bis zur grobkörperlichen Welt, wo sie, die Verneinung, machtlos wird und nicht weiter verneinen kann; so ist die grobkörperliche Welt die Grenze der Verneinungsmöglichkeit des als solches nicht vorhandenen Nichts. Aber wenn es die Wirklichkeit nicht weiter brechen kann als bis zur grobkörperlichen Welt, wo für unseren irdischen Daseinskreis seine Brechungsmöglichkeit aufhört, so kann es doch innerhalb dieser letzten und äußersten Berechnung ihre Trümmer weiter brechen; dadurch entsteht das Verneinende innerhalb der Verneinung, nämlich das Falsche, Schlechte, Schwache, Häßliche – welche innere Brechungsweise sich aber nicht nur im körperlichen, sondern auch im seelischen Bereich kundtut, davon der körperliche Bereich nichts als die Auswirkung und äußerste Umgrenzung ist.

Also kann das Nichts nicht sein, denn könnte es sein, wäre es eine Gottheit. Aber es gibt nur ein Göttliches, in Ihm ist keine Zweiheit, und Seine Allwirklichkeit übersteigt selbst Seine Einheit.

*

Das Göttliche, der höchste Ursatz, ist unendlich, und unendlich sind seine Möglichkeiten. Seine Unendlichkeit kann also keine Möglichkeit ausschließen, auch nicht die der Unmöglichkeit, nämlich das Nichts; aber diese Möglichkeit des Widersprüchlichen, Unwirklichen, kann nicht in der Allwirklichkeit des Göttlichen selber möglich sein, sie ist also scheinbar außerhalb und unterhalb des Göttlichen möglich und verwirklicht sich als Welt. Die Welt ist nichts anderes als die Auswirkung der Möglichkeit des Widersprüchlichen, Unwirklichen, Unmöglichen, weshalb die Welt der Anblick des vom Nichts zersetzten Alles, der von der Unwirklichkeit zerbrochenen Wirklichkeit, der verneinten Bejahung, der begrenzten Unendlichkeit ist. Weil aber die Unwirklichkeit, das Nichts des Göttlichen, unmöglich ist, aber dennoch innerhalb und infolge Seiner Allmöglichkeit gewissermaßen möglich, erdachte sich gleichsam als erster Anklang ans Nichts und als erste Auswirkung dieser Möglichkeit das Sein und zerrann in zwei Pole, einen männlichen und einen weiblichen, um das Nichts, sofern es innerhalb der Wirklichkeit, also sofern es überhaupt möglich ist, zu gebären. Und so gebar das Sein den Geist und aus dem Geist heraus die Allwelt. Die allweltliche Kundgebung ist die einzigmögliche Wirklichkeit des Unwirklichen und als solches nicht im Göttlichen; wäre es aber nicht irgendwie als Möglichkeit im Göttlichen, so wäre die göttliche Allmöglichkeit nicht unendlich.

Das Sein teilte sich in zwei und gebar die Allwelt. Als Sinnenwelt ward des Geistes Kundgebung unfruchtbar; denn wäre die Sinnenwelt fruchtbar, ginge aus ihr das Nichts hervor, und das Nichts ist nicht möglich, weil das Sein nicht Nichtsein sein kann und nichts außerhalb des Seins ist, es sei denn der höchste göttliche Ursatz, der Sich im Sein verschleiert. Also ist das Nichts nur insofern möglich, als es sich durch das Sein darstellen läßt. Was sich also darstellen läßt, kann nicht das Nichts an sich sein, denn dieses ist nicht vorhanden, sondern nur seine Möglichkeit; diese ist aber nicht vollkommen, denn das Göttliche allein ist vollkommen.

Diese Möglichkeit des Widerspruches mit sich selbst liegt in der göttlichen Allmöglichkeit wie der Punkt im unermeßlichen Raume.

Für den Unwissenden ist die Welt gleich dem unermeßlichen, mit unbeschränkten Möglichkeiten erfüllten Raum; Gott ist für ihn gleich dem starren Punkte.

Für den geistigen Menschen ist die Welt gleich dem Punkt, der nur eine Möglichkeit hat; das Göttliche ist ihm gleich dem unermeßlichen Raum, darin er sich in urfreiem Fluge verliert und darin er erlischt, wie ein Stern beim nahen Morgen.

*

Jedes Ding hört in seiner Mitte auf zu sein, was es ist; aber gerade dadurch beginnt es erst zu sein.

*

Jedes Tun ist die Folge einer Liebe, die von ihrem Gegenstand getrennt ist. Deshalb zeugt die geistige Liebe kein Tun, denn der Geist ist nichts anderes als seine Liebe.

*

In geistiger Hinsicht sind wir Erkenntnis, in menschlicher Hinsicht sind wir Wille. Da wir nun, sofern wir geistig sind, nichts anderes sind als Erkenntnis, müssen wir, sofern wir menschlich sind, auch nichts anderes sein als Wille; aber Wille ist niemals Selbstzweck, sondern nur ein Ausfluß der Erkenntnis. So muß der Wille in seinen zureichenden Grund zurückfließen, indem er sich nicht mehr von ihm unterscheidet, nichts anderes mehr ist als Erkenntnis.

*

Der Mensch lebt nicht vom Brote allein – ob er es wisse oder nicht, ob er es wolle oder nicht. Indem er sich nährt, ißt er zugleich entweder Erkenntnis oder Unwissenheit. Alles notwendige Tun ist heilig; aber man muß wissen, was man tut, und alles im Geiste tun.

*

Die Welt ist ein seidenes Leichentuch, darin ein König starr liegt, tief eingehüllt. Er liebt die Seide, darein er gehüllt ist, ohne zu wissen, daß sie ein Leichentuch ist, sein Leichentuch, und daß jenseits dieses Tuches eine ganze lebendige Welt sich ausdehnt mit einem unermeßlichen Himmel. Er will das Leichentuch nicht zerreißen, seinen vergoldeten Sarg nicht zerbrechen, weil er ihn liebt.
Jeder Mensch ist dieser eingehüllte, begrabene König.

*

Es ist das Namenlose, Unfaßliche, das hinter tausend Schleiern Verborgene. Will man Es fassen, weicht Es zurück. Will man Es denken, verschließt Es den Verstand. Wer Es erkennt, den zerbricht Es.

*

Bei Sonnenaufgang schwinden die Sterne. So schwinden alle Dinge beim Aufgehen des Geistes.
Am hellichten Tag bedarf man keiner Lampe. Also bedarf der Geist keiner Vernunft.

*

Es gibt kein Reich, das dem Göttlichen am nächsten sei, und keines, das ihm am fernsten. Nirgends besteht ein Verhältnis zum Göttlichen.

*

Alles ist Traum. Die Welt zerrinnt. Ich allein bin ewig, namenlos, unfaßlich.

*

In der Gegenwart liegt das Erwachen. Schaue nur das Eine, und das Eine schaue ganz. Nichts ergreife – von nichts ergriffen. Das Dasein ist Traum; im Ursein ist alles, einsam, hoch, unerfaßlich.

*

Wir sind, was wir wollen.

*

Viel hat erfaßt, wer erfaßte, daß dieser Welt Lüste nicht von dieser Welt sind.

*

Alles im Leben des geistigen Menschen schwimmt auf seiner Versenkung ins Göttliche wie Staubkörner auf tiefen Wassern. Das Leben ist leicht, nur die Versenkung ist schwer; und selbst ihre Schwere ist dem geistigen Menschen leicht gemacht.

Tage und Nächte folgen sich wie Atemzüge; Atemzüge folgen sich wie Tage und Nächte. Wie das Leben von Tagen und Nächten getragen wird, so wird die Versenkung von Atemzügen getragen; das Leben rinnt durch Tage und Nächte, und der Geist rinnt durch Atemzüge. Der Atem ist der Leib der Versenkung, der Urbesinnung. Der Atem löst den Körper auf und verwandelt ihn in Geist. Damit der Geist durch den Atem gehe, muß der Atem durch den Geist gehen. Der Atem ist das heilige Feuer, das den Menschen reinigt und verwandelt.

*

Außen sind Handlung, Wille und Erkenntnis. Innen sind nur noch Wille und Erkenntnis. Und zuinnerst ist nichts mehr als Erkenntnis.

Die Handlung ist nur ein Ausfluß des Willens, ist nicht verschieden von ihm, so wie die Welt nur ein Ausfluß der Allmacht ist.

Erkenntnis, Wille und Handlung sind nichts anderes als ein Abbild von Unendlichkeit, Wirklichkeit und Auswirkung. Der Wille besteht ohne die Handlung, er steht ursächlich zur ihr. Die Erkenntnis besteht ohne den Willen, sie steht ursächlich zu ihm, so wie der Urgehalt, die Wesenheit oder das Urfeuer ohne ihre Auswirkungsebene, die Stofflichkeit oder das Urwasser bestehen, und so wie der Mann vor dem Weibe war und Sinn hat ohne das Weib.

Die Wirklichkeit ist nichts anderes als die Allmöglichkeit, also die Möglichkeit überhaupt. Was nicht wirklich ist, ist auch nicht möglich, ist also überhaupt nicht. Die Allwirklichkeit muß auch die Wirklichkeit des Unwirklichen enthalten, nämlich die Welt. Mit anderen Worten, die Allmöglichkeit muß auch die Möglichkeit des Unmöglichen, ihres Widerspruchs, enthalten, wenn dieser auch nur scheinbar sein kann, denn sonst wäre sie nicht die Allmöglichkeit, nicht die Wirklichkeit.

*

Der Raum ist Mitte, die sich in Höhe, Breite und Tiefe spiegelt und auswirkt. Wir entrinnen der Mitte, um die Mitte zu finden; deshalb sind wir im Raume. Wir sind in der Mitte und wissen es nicht, so haben wir sie verloren. Alles, was im Raum geschieht, geht von der Mitte aus und geht zurück zur Mitte, ist ein Ausgehen und eine Rückkehr zugleich.

Die Zeit ist Gegenwart, die sich in Vergangenheit und Zukunft spiegelt und auswirkt. Wir entrinnen der Gegenwart, um die Gegenwart zu finden; deshalb sind wir in der Zeit. Wir sind in der Gegenwart und wissen es nicht; so haben wir sie verloren. Alles, was in der Zeit geschieht, geht von der Gegenwart aus und geht zurück zur Gegenwart, ist ein Ausgehen und eine Rückkehr zugleich.

Die Zahl ist Einheit, die sich in Vielheit spiegelt und auswirkt. Wir entrinnen der Einheit, um die Einheit zu finden; deshalb sind wir in der Zahl. Wir sind in der Einheit und wissen es nicht; so haben wir sie verloren. Alles, was in der Zahl geschieht, geht von der Einheit aus und geht zurück zur Einheit, ist ein Ausgehen und eine Rückkehr zugleich.

Die Form ist Vollkommenheit, die sich in Unterschiedlichkeit spiegelt und auswirkt. Wir entrinnen der Vollkommenheit, um die Vollkommenheit zu finden; deshalb sind wir in der Form. Wir sind in der Vollkommenheit und wissen es nicht; so haben wir sie verloren. Alles, was in der Form geschieht, geht von der Vollkommenheit aus und geht zurück zur Vollkommenheit, ist ein Ausgehen und eine Rückkehr zugleich.

Das Leben ist Lust, die sich in Begierde spiegelt und auswirkt. Wir entrinnen der Lust, um die Lust zu finden, deshalb sind wir im Leben. Wir sind in der Lust und wissen es nicht; so haben wir sie verloren. Alles, was im Leben geschieht, geht von der Lust aus und geht zurück zur Lust, ist ein Ausgehen und eine Rückkehr zugleich.

Wäre die Mitte nicht gebrochene Mitte, so ginge von ihr nicht der Raum aus. Im Raum ist nur Ausdehnung, sei sie auch endlos. Das Göttliche aber ist reine Mitte, deshalb ist Es unendlich.

Wäre die Gegenwart nicht gebrochene Gegenwart, ginge von ihr nicht die Zeit aus. In der Zeit ist nur Dauer, sei sie auch immerwährend. Das Göttliche aber ist reine Gegenwart, deshalb ist Es ewig.

Wäre die Einheit nicht gebrochene Einheit, ginge von ihr nicht die Zahl aus. In der Zahl ist nur Vielheit, sei sie auch unzählbar. Das Göttliche aber ist reine Einheit, deshalb ist Es alles.

Wäre die Vollkommenheit nicht gebrochene Vollkommenheit, ginge von ihr nicht die Form aus. In der Form sind nur Sinnbildlichkeit oder Ähnlichkeit, sei sie auch unübertrefflich. Das Göttliche aber ist reine Vollkommenheit oder Selbigkeit, den Es ist bestimmungslos und Sich selbst.

Wäre die Lust nicht gebrochene Lust, ginge von ihr nicht das Leben aus. Im Leben ist nur Leidenschaft, sei sie auch sättigend. Das Göttliche aber ist reine Lust, deshalb ist Es Allfreude.

*

Die Formen der Geschöpfe entsprechen den Dingen, denen sie sich zuneigten, um das verlorene Eden zu finden, und der Art und Weise, wie sie es suchten.

Die Wirklichkeit der Erscheinungswelt liegt im Ich, und das Ich wiederholt sich endlos; darin tut sich die Widersprüchlichkeit der gebrochenen Wirklichkeit kund: Sie hat viele Mittelpunkte und nur einen Umkreis.

*

Vier Dinge sind heilig: Liebe, Kampf, Leiden und Tod.

28.

Es gibt eine Rückkehr zum Göttlichen durch den Urgehalt und eine Rückkehr durch den Urstoff; im ersten Sinne geht der geistige Mensch von seinem Urgehalt, dem Geist, aus und verneint das Nichtgeistige, Trügerische; dies ist der Standpunkt des Ursatzes. Im anderen Sinne geht der geistige Mensch vom Nächstliegenden, unmittelbar Gegebenen aus und bejaht jeweils dessen Mitte; dies ist der Standpunkt der Auswirkung. Jede Auswirkung ist die Durchbrechung eines Gleichgewichts; die Mitte jeder Auswirkung ist ihr Gleichgewicht. Aber diese Mitte ist ihrerseits wieder eine Auswirkung, also eine Gleichgewichtsbrechung im wandelbaren Urstoffe. Liegt nun das Gleichgewicht von allem, das vom Wesen ausgeht, in dessen Herzen, ist das Herz seinerseits wieder ein Gleichgewichtsbruch, ein Gleichgewichtsbruch des reinen Geistes, unter dem Einflusse einer Brechung des Urstoffes.

*

Was im Menschen liebt, muß lieben; aber es muß anderes lieben, als das der Mensch liebt. Was im Menschen fürchtet, muß fürchten; aber es muß anderes fürchten, als das der Mensch fürchtet.

Zwei Wege gibt es für die Seele zu Gott: Gottesliebe und Gottesfurcht. Ohne die eine wird die Seele gemein, ohne die andere wird sie töricht.

*

Das Wasser löscht das Feuer. Aber die Macht des Wassers über das Feuer kann nur eine verhältnismäßige sein, weil die Macht der Verneinung über die Wirklichkeit nur eine verhältnismäßige sein kann. Denn während das Wasser das Feuer nur verneinen kann, nicht aber irgendwie bestimmen, ist das Wasser immer durch das Feuer bestimmt.

Alles muß am Menschen beten; und so muß auch alles am Menschen betrachten. Der Urmensch war nichts anderes als sein Gebet, nichts anderes als eine Betrachtung. So soll jedes Gebet ins Urgebet zurückfließen bis in den Mund des ersten Menschen, und jede Betrachtung soll durchs Herz des ersten Menschen zurückkehren ins Göttliche.

Im Leben hält sich der Leib für unendlich, deshalb muß er sterben; im Traume hält die Seele sich für unendlich, deshalb muß sie erwachen.

*

Nichts kann bloß verneinen; alles muß am Unendlichen teilhaben; also haben die Lust des Leibes und die Fülle der Seele durch ihre Sinnbildlichkeit am Geiste teil. Diese Teilhaftigkeit beruht auf der Schwingung, die vom göttlichen, welten-schöpfenden und weltenverwandelnden Uratem ausgeht und sich in Welten- und Menschenaltern, in Jahreszeiten und im Wechsel von Tag und Nacht kundtut und beim irdischen Wesen in Geburt und Tod und im Atem und im Blute weiterklingt. Der Atem ist die Brücke zwischen Leib und Seele. Die Lust des Leibes soll sich auswirken im Einklange mit der Schwingung, die neben der Enthaltung die Durchgeistigung des Leibes bewirkt; auf dieser Erkenntnis fußen die heiligen Tänze alter Völker. Der Atem überträgt die vom Leibe verwirklichte Schwingung in die Seele. Die Fülle der Seele soll sich ihrerseits auswirken im Einklang mit der Schwingung, welche ihrer Beschaffenheit entspricht und neben dem Gleichmute die Durchgeistigung der Seele ausmacht; auf dieser Erkenntnis fußen die heiligen Gesänge alter Völker. Die in der Seele verwirklichte Schwingung ist der Tanz der Seele, wie die im Leibe verwirklichte Schwingung der Gesang des Leibes ist.

Jedes Dasein ist ein Gleichgewichtsbruch. Nichts kann als bloßer Gleichgewichtsbruch bestehen, so auch weder die Menschheit, noch ein Teil der Menschheit. Deshalb muß jede menschliche Gesellschaft ihr Dasein durch Weihehandlungen mit dem Göttlichen in Einklang bringen, muß das ursprüngliche Gleichgewicht im Maße der gegebenen, gesellschaftlichen, menschlichen Möglichkeiten wiederherstellen. Hat ein Volk keine derartige Überlieferung mehr, geht es zugrunde.

*

Der Atem ist die Brücke vom Leib zur Seele; er ist auch die Brücke von der Vielheit zur Einheit; so ist er die Brücke von der Seele zum Geist.

Die Schwingung ist das Klopfen an die göttliche Pforte.

*

Der Geist ist reine Tätigkeit im Leeren.

*

Der Leib leidet durch Hunger, Durst, Wachen und Keuschheit. Jede Enthaltung reinigt, lockert des Irrtums schweres Gewebe und führt dem Geiste zu.

*

Das Wasser ist das Erhaltende, Belebende; aber es kann nur gewaltsam zerstören und langsam zermürben. Das Feuer aber zerstört nicht gewaltsam, sondern wie auf geistige Art. Es kommt aus dem Leeren und geht ins Leere zurück, es verschwindet im Äther; es vermischt sich nicht mit dem, was es verzehrt; es ist rein, es kommt und geht wie ein Wunder. Das Wasser vermischt und trübt sich, und was es erdrückt hat, dem fällt es anheim. Deshalb entspricht die Tätigkeit des Wassers der Gewalt, die Tätigkeit des Feuers dem Geist.

Also kommt auch der Geist aus dem Göttlichen und geht ins Göttliche zurück wie das Feuer ins Leere.

*

Leben ist Hingabe, ist Schlaf; deshalb muß der Lebende geistig erwachen und aufstehen. Nichts siegt ohne unaufhaltsame, gleichmäßige Wiederkehr; so höhlt das Wasser, so sägt die Säge; so besiegt der Herzschlag, so der Atem den immer mahnenden Tod. So höhlt die geistige Tat, das immerwiederkehrende Gebet den Traum, den Trug des Lebens; so sägt die geistige Tat, so besiegt sie das Leben. Ohne dieses Schwingmaß und diese Wiederkehr, ohne diese regelmäßige Vergeistigung alles notwendigen Handelns fällt der Mensch dem Leiden anheim.

Die Täuschung muß sich vernichten, nur der Geist darf sein; denn nur der Geist ist.

*

Was ist der Geist? Wer kann sagen, was der Geist ist? Durch den Geist kommt die Unterscheidung in den

Dingen; wir erfassen ihn, wo er auf Hindernisse stößt. Sind aber keine Hindernisse da, erfassen wir ihn nicht; dann sind wir Geist. Es ist mit dem Geist wie mit dem Raum, der ihn versinnbildlicht; wir erfassen den Raum an Hand der Dinge, die er unterscheidet; sind aber keine Dinge da, so sind wir der Raum, und wir können nicht sagen, was der Raum ist.

*

Warum ist der geistige Mensch nicht neidisch auf fremdes Glück? Weil es neben seinem eigenen Glück nur Tatsachen gibt und eine Tatsache nichts zu seinem Glücke hinzufügen könnte.

*

Das Glück ist ein Glaube. Der Glaube ist ein Glück. Es gibt kein anderes auf Erden. Die meisten Menschen wollen das Glück erschleichen, wollen es stehlen beim göttlichen Geber, den sie nicht kennen. In ihren Händen wird alles Glück zu Staub. Wer kann einen Glauben stehlen? Was man stehlen kann, ist nicht einmal des Stehlens wert.

*

In jeder Fiber unseres Wesens liegt das Wunder, ungeteilt und schrankenlos. Wir sind durchdrungen von Ihm und sind Ihm doch fern. Das Wunder ist alles, und wir sind kaum ein Sandkorn in Ihm; in unserem Irrtum aber sind wir das Sandmeer, welches das heilige Verborgene bedeckt.

*

Das Unendliche ist nur im Unendlichen wirklich.
Das Wirkliche ist nur im Wirklichen unendlich.

*

Gott ist beides: Unselbstlich und selbstlich und weder das Eine noch das Andere. Er ist selbstlich als Kundgebung in Seinen Beziehungen zum Selbstlichen, also zum Menschen, weil sonst kein Berührungspunkt bestünde zwischen Menschlichem und Göttlichem; aber diese Selbstlichkeit gehört Ihm nicht anders an als eine Farbe dem Lichte, das sie sichtbar werden läßt. Wir sind selbstlich, also bewußt; sofern nun unser Bewußtsein keine Begrenzung, sondern eine geistige Einheit bedeutet, spiegelt es den göttlichen Geist; Gott antwortet auf die Äußerungen unseres Bewußtseins, auf unsere Gebete, Er bleibt aber überbewußt in Sich – nicht unbewußt, nicht bewußtlos, wie ein Stein. Durch das Gebet, das eine mittelbare Wirkung Gottes und in diesem Sinne Gabe, Gnade und Teilhaftigkeit an Ihm ist, lösen wir die Fäden unserer inneren Begrenzungen auf und lassen das göttliche Licht unser dunkles Bewußtsein durchscheinen. Daher erhört Gott unsere Gebete und beantwortet sie, ohne in Sich irgendeine Beschränkung oder Veränderung zu erleiden. In Sich ist nun das Göttliche weder bewußt noch nichtbewußt, weder selbstlich noch nichtselbstlich; denn im Göttlichen sind wir als reine Möglichkeiten erhalten und letzten Endes als Urmöglichkeit – wir haben kein unterschiedliches Dasein. Man kann das Verhältnis zwischen uns und Gott, zwischen Auswirkung und Ursatz, so ausdrücken: Gott antwortet unseren Gebeten, gleichsam ohne sie anzuhören; denn sie gehen nicht in Ihn ein, weil sie für Ihn nichts sind; hingegen geht die Antwort von Ihm aus, weil Er uns alles ist – allhörend, allwissend;

Er ist die ewige Antwort und Erfüllung. Die Spiegelung wird vom Urbilde, die Wirkung von der Ursache berührt, nicht umgekehrt. Gottes Antwort hat unserer Gebete geharrt, bevor wir waren.

*

Der Mensch will jeden Augenblick ein anderer werden, um seiner Endlichkeit zu entrinnen; so täuscht er sich über sie hinweg und glaubt sich unendlich; und sinnbildlicherweise wird er durch jede Lust unendlich. Das ist das Leben.

Die bitterste Armut ist noch irgendwie Reichtum; denn man muß noch besitzen, um arm zu sein. Besäße man nichts mehr, so wäre man nicht mehr; die reine Armut wäre das Nichts.

Was aber nicht nichts ist, das ist alles.

So ist jeder reich.

*

Der Gegenstand der Unwissenheit ist, daß wir nicht wissen, was wir sind. Weil wir das nicht wissen, und in dem Maße, als wir es nicht wissen, sind wir Menschen, Wesen, Bewußtseinskreise. Und was wir nicht wissen, ist dies: Ich bin nichts, es sei denn ich selbst.

IV

VIERTE SAMMLUNG

geschrieben anno 1932 – 1933
zu Mostaghanem

Was ist die Urbesinnung? Es ist die Belebung der Vernunft von innen her, vom Geist. So wie das Feuer in den Äther zurückkehrt, wenn es nichts mehr zu verzehren hat, so geht die Vernunft in den Geist zurück, wenn sie die Welt und sich selbst verzehrt hat. Diese Verzehrung der Welt ist die Urbesinnung. Durch die Urbesinnung wird der Mensch zum geistigen Menschen.

In seinem Herzen hat der Mensch ein Meer, darin er die Welt ertränken könnte, wenn er es wüßte.

In seinem Herzen hat der Mensch einen Brand, damit er die Welt verbrennen könnte, wenn er es wüßte.

*

Wer von der Erscheinungswelt gelöst ist, betrachtet sie als Einheit, als Einzeltatsache; wer in die Welt verstrickt ist, betrachtet sie als Vielheit und antwortet auf diese Vielheit, zerteilt sich in ihr; deshalb ist er wie hingeworfene Erde, zerteilt und reglos. Im inneren Wasser findet der Mensch die Einheit und Freiheit und fließt hinweg über der Welt Erscheinungen; in der inneren Luft erhebt er sich über sie; im inneren Feuer verzehrt er sie und geht in den inneren Äther, ins Göttliche zurück.

Im Maße, als der Mensch vom Göttlichen getrennt ist, liebt er die Vielheit und betrachtet das Göttliche als bloße Einzelheit, als Verneinung des Mannigfaltigen; er sieht nicht die Unendlichkeit im Göttlichen, davon die Vielheit nur ein gebrochener Widerschein ist.

*

Die Erde ist die Menschheit. Das Wasser ist die Überlieferung, das Opfer, die Reinigung. Die Luft ist der Gottgesandte, das Wort, die Lehre. Das Feuer ist der heilige Geist, die Offenbarung. Der Äther ist der göttliche Ursprung.

*

Das Geringste ist eine in einer Möglichkeit enthaltene Möglichkeit. Jedes Seiende ist die Möglichkeit einer Möglichkeit. Wenn der Mensch einen Finger rührt, entfaltet sich eine Möglichkeit, die er bejaht. Bejaht er aber keine Möglichkeit eines bestimmten Möglichkeitsbereiches, so gelangt er zur Mitte dieses Bereiches, zur Möglichkeit all dieser verneinten Möglichkeiten, bis seine eigene Möglichkeit durch den Geist aufgehoben wird. Der Geist ist die Urmöglichkeit, die Allmöglichkeit, die Möglichkeit aller Möglichkeiten. Wir sind freudlos, weil wir nur in einer Möglichkeit leben, im Ich und seinem Bereich. Wir hängen an dieser einen Möglichkeit, obwohl ihre Grenzen uns immer wieder Leiden geben, weil diese unsere Möglichkeit die Allmöglichkeit versinnbildlicht und scheinbar alle Möglichkeiten enthält. Die Allmöglichkeit aber ist das verlorene Eden, das wir immer in unserer begrenzten Eigenmöglichkeit suchen, welche die Allmöglichkeit in eine bloße Gesamtheit von Mitmöglichkeiten übersetzt. Unsere Möglichkeit ist eine Wüste, und unsere Suche nach Eden ist ein Irren von Sandkorn zu Sandkorn. Denn die Wüste scheint endlos zu sein; und doch unterscheidet sich kein Sandkorn von einem anderen; die Wüste ist nur ein einziges Sandkorn.

Schönheit ist Reichtum an Möglichkeiten; weil das Göttliche die Allmöglichkeit ist, kann es auch die Allschönheit genannt werden. Häßlichkeit dagegen ist Armut an Möglichkeiten.

Nur das einzelne Wesen leidet, nicht das Gesamtwesen, die irdische Wesenheit. Diese tut sich in allen Einzelwesen kund; sie ist in der Freude und bekundet ihre Freude durch Hervorbringen und Erhalten des einzelnen. Die Unwirklichkeit rächt sich am einzelnen, gibt ihm Schmerz und Tod.

Der Mann ist der Ausdruck jenes Gesamten, das jenseits des Leidens und in der Freude ist; deshalb ist ihm seine geschlechtliche Tat Lust; das Weib ist des einzelnen Ausdruck; ihre geschlechtliche Tat, das Gebären, ist daher Leiden. Aber beim Zusammenklingen mit der Lust des Mannes erlebt auch das Weib Lust, so wie das von Schmerz und Tod heimgesuchte Einzelwesen durch alle bejahenden Kundgebungen seines Lebens an der Freude des Gesamtwesens, der irdischen Wesenheit, teilhat.

Wie die Wesenheit nur Freude, so hat der Mann geschlechtlich nur Freude; und wie das Wesen Freude und Leiden hat, so hat das Weib geschlechtlich Freude und Leiden.

Darum heißt es, Gott hat das Weib aus der Rippe des ersten Menschen erschaffen: Weil das Weib als Ausdruck des Einzelwesens ein Teil des Gesamtwesens ist, welches der Mann darstellt. Auch gebiert der Mann bei jeder Geschlechtstat zahllose Wesen, tausendmal Tausende, das Weib aber nur vereinzelte, meistens bloß ein einziges bei jeder Geburt. Mit diesem Gedanken hängt auch der Anspruch des Mannes auf mehrere Weiber zusammen; begehrt der Mann nur ein einziges Weib – und es handelt sich dabei nicht bloß um besonderes Begehren als Tatsache, sondern darum, ob er grundsätzlich an einem Weibe Gefallen und Genüge finden könne –, so betrachtet er das Weib nicht als Bruchstück, sondern als Erweiterung seiner selbst; er betrachtet es in diesem Sinne nicht als Adams Rippe, sondern als Eva. Dem Gesamten ist das einzelne bloßes Bruchstück; die Einzelhaftigkeit oder die Auswirkung im Einzelhaften ist dem Gesamten aber Selbstspiegelung, Selbstwiederholung und also Erweiterung.

Das Sein erweitert sich auf selbige Art und Weise durchs Dasein – nicht auf seiner eigenen Ebene und nicht als reines Sein, sondern im Sinne eines Niederstiegs und einer Selbstminderung im Widerschein. Also entsprechen der Mann dem Sein und das Weib als einzig Geliebte dem Dasein.

Das Sein erweitert sich wohl im Dasein, nicht aber im Daseienden, Vorhandenen; dieses ist bruchstückhaft und berührt als Bruchstück nirgends sein Dasein und das Sein und nimmt nichts davon hinweg; so wie die Rippe Adams, daraus das Weib ward, nichts von Adam wegnahm. Das Daseiende ist immer Bruchstück, weil es nie einzig sein kann; das Dasein aber ist einzig, und seine Einzigkeit ist ein Widerschein der Einheit des Seins. Wenn das Sein der Mann und das Dasein das einziggeliebte Weib ist, so sind die daseienden, vorhandenen Dinge die vielen Weiber des Vielweiberers oder des Treulosen.

Der Geist des Mannes verallgemeinert und durchbricht; derjenige des Weibes sondert ab und umschließt. Der Mann kann schöpfen und und vernichten; das Weib kann nicht schöpfen und vernichtet nicht; es bildet nach und erhält das Vorhandene; es lebt in Tatsachen, wie der Mann in Ursätzen lebt. Die Schönheit des Mannes ist sein Kern; der Geist des Weibes ist ihre Schale; oder, wie ein arabisches Sprichwort besagt: Die Schönheit des Mannes ist in seinem Geiste, und der Geist des Weibes in ihrer Schönheit. Im Geist sind wir aber weder Männer noch Weiber, sondern eine ungebrochene Erkenntnis.

Der Kindheit Werk ist das Spiel, deshalb muß das Kind gehorchen können. Der Jugend Werk ist die Liebe, deshalb muß der Jüngling überwinden können. Der Mannheit Werk ist die Erfüllung, deshalb muß der Mann kämpfen können. Des Alters Werk ist der Besitz, deshalb muß der Greis opfern können.

Der geistige Mensch ist er selbst im Geiste; in der Seele ist er gleichzeitig Kind, Jüngling, Mann und Greis. Er ist einfach und ursprünglich wie ein Kind, gläubig und glühend wie ein Jüngling, fest und klar wie ein Mann, selbstlos und milde wie ein Greis.

*

Alles, das von außen an den Menschen herantritt, ist entweder eine Bejahung oder eine Verneinung; ist es eine Bejahung, so bedarf er ihrer nicht, denn sein Herz ist das Siegel der göttlichen Urbejahung; ist es eine Verneinung, so bedarf sie keiner Antwort, denn sie ist nur ein Ausdruck der Urverneinung, der Weltwurzel, der Widerspruchsmöglichkeit in der Allmöglichkeit. Und der Mensch selbst ist nichts anderes als die Verneinung, deshalb kann ihm vor Gott kein Unrecht geschehen. Der gewöhnliche Mensch antwortet auf die Zahllosen Verneinungen, die ihn angreifen. Wäre sein Dasein aber nicht selbst eine Verneinung und gewissermaßen ein Übertreten, könnte es nie irgendwie verneint werden.

*

Zunächst ist das Göttliche eine Bestimmung, und als solche ist Es unbedingte Einheit. In Sich selbst aber löst Sich diese Einheit in unbestimmbare Nicht-Einheit, in Namenloses, auf.

*

Das ist der Schlüssel zur Erkenntnis der Welt, zu wissen, daß alles Verneinende, Verminderte, Gebrochene als solches seine Ursache nicht im Göttlichen hat, sondern in der Abwesenheit der göttlichen Ursache, und daß sich diese Abwesenheit dadurch in der göttlichen Möglichkeit inbegriffen findet, daß die Allmöglichkeit die widersprüchliche Möglichkeit ihrer Unmöglichkeit nicht ausschließen kann; diese widersprüchliche Möglichkeit liegt in der Allmöglichkeit wie ein Stäubchen im unermeßlichen Raume und entwickelt in sich selbst das ganze ausgewirkte Weltall, darin das sichtbare Weltall wiederum nur ein Stäubchen ist. Zudem ist diese eine Möglichkeit auch nichts anderes als die erste aller Bestimmungen, die Urbestimmung, die der Einheit, des sich selbst bestimmenden Seins.

*

Wer die Einheit begreift und weiß, daß er sie begreift, der kommt zum Frieden. Die Vielheit verführt und verzehrt den Menschen; in der Vielheit hat der Mensch zahllose bekannte und unbekannte Feinde. In der Einheit hat er nur einen Feind, die Täuschung der Vielheit, und einen Freund, der stärker ist als sie und wider den sie nichts vermag, nämlich den Geist.

Die Wesen werden zermalmt, weil sie Götter sein wollen. Jedes Glied leidet nur deshalb, weil es sich vergöttlichen wollte. Es gibt wohl andere Weisen, die

Ursache des Leidens auszudrücken, aber es gibt im Grunde keine andere Ursache des Leidens. Jede Fiber am Wesen steht insofern im Widerspruch zur Wirklichkeit, als sie scheinbar von ihr verschieden und Einzeltatsache ist; also stößt sie sich selbst an der Wirklichkeit wund, zerschlägt sich an ihr, richtet sich selbst; die Wirklichkeit bleibt unberührt. Wer in die Höhe speit, auf den speit der Himmel mit dem eigenen Speichel des Speienden. Wer einen Felsblock gegen den Himmel werfen könnte, den zermalmte der Himmel mit demselben Felsbrocke.

Wer dem Gefühl untertan ist, dessen Einbildungskraft ist an einen beschränkten Gesichtskreis gebunden, sein Gedächtnis ist schwach und verfälscht, seine Vernunft verdunkelt. Ist aber sein Herz dem Geist gegenüber nicht erlahmt und kann der Geist durchs Herz auf die Vernunft wirken, so zersetzt diese das Gefühl, in welchem die Seele einer dichten, teilbaren Erdscholle gleicht. Nun ist des Menschen Einbildungskraft frei und kann sich ins Weite bewegen wie das Wasser; ihre Wirksamkeit ist aber durch Leidenschaft bedingt und verfälscht das Gedächtnis, schwächt die Vernunft. Ist nun der Mensch auch der Einbildungskraft nicht mehr untertan, so ist sein Gedächtnis nicht mehr von unten her, sondern von oben her bestimmt, ist es klar, wahrheitstreu und scharf; es gesundet mit dem Hervortreten der Vernunft und stellt deren richtiges Verhältnis zur vergänglichen Umwelt her. Wie das Feuer in der Luft brennt, so wirkt die Vernunft im Gedächtnisse. Die Vernunft reinigt das Gedächtnis, wie das Gefühl die Einbildungskraft erfüllt. Der geistige Mensch ist innerlich arm, einsam, heimatlos. Er hat an sich selbst seine Freude und ist sich selbst die Ursache seiner Freuden.

*

Alles Bestimmte und Unterschiedene wird vom Nichts gleichsam aus der Wirklichkeit herausgesogen und zerspaltet und unterscheidet sich um so mehr, als es sich von der Wirklichkeit entfernt, ohne sich jedoch dem Nichts nähern zu können, da dieses nicht vorhanden ist. Die Dinge sind wie aus der Wirklichkeit herausgefallen und hängen ins Nichts hinein; an einem Haare hängen sie über dem Abgrunde des Nichts. Aber da dieses Nichts nicht sein kann, anders die Urbejahung nicht unendlich wäre, muß ein Seiendes die Stelle des Nichtseienden vertreten, ein Geist der Verneinung, der sich der Wirklichkeit als Gegenstück gegenüberstellen will, um durch seine Einzigkeit Gott gleich zu sein.

*

Der Mensch muß zweimal geboren werden, einmal irdisch und einmal geistig; also muß er auch zweimal sterben, nämlich im Tode und im Geiste. Auf Erden gebiert der Mensch zuerst, dann stirbt er; im Geiste stirbt er, bevor er gebiert.

*

Das Herz ist im Grunde abgewandt von der Täuschung; seine tiefste Sehnsucht ist das Göttliche. Deshalb hat das Herz zweierlei Bedeutung, weil in ihm zwei Strebungen sind, eine hinaus und eine zurück; in seinem Grunde liegt das Feuer, vom geistigen Strahle der Ursonne entzündet; doch ist es von einem Rauche umgeben, von einer Hülle, beschaffen aus Täuschung und Hang zur Täuschung.

*

Die Vernunft greift an, verteidigt, kämpft; der Geist aber ist reine Behauptung, reine Bejahung seiner selbst.

*

Das Herz ist zweifach Mitte: Es ist als menschliche Mitte die ursächliche Wurzel des Ichs; als geistige Mitte ist es überall Mitte. Deshalb ist die Rückkehr zur Mitte, die Vergeistigung durch die Schau der Teilhaftigkeit aller Dinge am Göttlichen, eine Rückkehr zur Mitte, die überall ist, und eine Auflösung der menschlichen Mitte und all ihrer Spiegelungen.

Andererseits ist die Vergeistigung durch die Schau der Ausschließlichkeit und Alleinwirklichkeit des Ursatzes gleichsam ein Eingehen und Erstarren in der Gegenwart, die nie Zukunft war und nie Vergangenheit wird, sondern immer Gegenwart bleibt.

Die Erlösung durch die Bejahung und durch die Mitte ist die Erlösung durch die Unendlichkeit oder die Vollkommenheit.

Die Erlösung durch die Verneinung und durch die Gegenwart ist die Erlösung durch die Ewigkeit oder die Wirklichkeit.

Die Unendlichkeit ist jenseits des Raumes, weil sie überall Mitte und deshalb ohne Grenze ist.

Die Ewigkeit ist jenseits der Zeit, weil sie immer Gegenwart ist und deshalb ohne Dauer.

Das Herz als Mitte der einzelmenschlichen Unwissenheit, ist hier; das Herz als wissende Mitte ist überall.

*

Das Blut ist flüssiges Feuer; es verbindet den Leib mit der Seele. Die Seele des Menschen ruht gleichsam in seinem Blute, der Geist wandelt auf seinem Atem. Der Atem beherrscht das Blut, reinigt und verwandelt es.

*

Der Urmensch hatte nur die Liebe, die in sich selbst ruhte, von sich selbst lebte, nach innen gekehrt und in der Einheit selig. Dann wuchs aus dieser Liebe Freude und Trauer, weil sie sich nach außen kehrte; zuletzt zerbrach selbst sie, und es entstand der Haß; aus diesem kamen der Zorn und die Furcht. Liebe ist bejahend, aufbauend, Haß verneinend, zerstörend. Freude und Zorn sind tätig, Trauer und Furcht duldsam. Der geistige Mensch ist nichts anderes als der wiederverwirklichte Urmensch; er ist zurückgegangen bis zur selbstherrlichen, selbstzwecklichen Liebe. Es gibt nichts zu hassen, nichts anzugreifen, nichts zu fürchten, auch nichts, das man betrauern, nichts, darüber man sich freuen sollte. Die Liebe übersteigen kann nur, wer alles in sie zurückgesogen und sie also in ihrer letzten Selbstherrlichkeit verwirklicht hat. Wer damit begänne, die Liebe aufzugeben, verfiele dem Hasse. Die Liebe, die in die unterschiedenen Dinge zerteilt ist, ist auch durch den Haß gemindert und gebrochen; wer den Haß aufgab und seine Liebe in die Einheit, ins Herz zurücksog, der hat die ganze, die reine Liebe. Diese Liebe ist dem Geiste zugewandt und geht in Ihm auf; sie ist ein Anblick des Geistes selbst. Jeder Mensch liebt. Es gibt keinen anderen Weg zum Geist.

Die gebrochene Liebe lebt von den Erscheinungen; sie erweitert ihre Lust ins Unbestimmte durch die Einbildungskraft; diese belebt die Liebe und was aus ihr kommt, Freude und Trauer, wie sie auch den Haß, den Zorn, die Furcht belebt. Die reine, nämlich die vom Geist bestimmte Vernunft, löst mit den Gefühlen auch die Einbildungskraft auf. In der Urliebe ist nichts, das sich die Seele vorstellen könnte; denn das Geliebte ist die Liebe selbst, und die sich selbst liebende Liebe wird Geist, wie das sich selbst brennende Feuer Äther wird.

Die Vernunft lebt nicht von Bildern, durch die sie eigenwillig die Erscheinungen erweitert, sondern sie hat an den Erscheinungen Genüge, um sich an Hand ihrer Bildersprache auszuwirken; sie erweitert die Erscheinungen nicht durch die schöpferische Einbildungskraft, sondern durch das unschöpferische, bloß erhaltende Gedächtnis, das die Erscheinungen nur wiederholt.

Der Mensch sah ursprünglich das Unterschiedliche im Einen, dann das Eine im Unterschiedlichen. Der Mensch muß vom Unterschiedlichen aufs Eine schließen und im Maße, als er das Eine erfaßt, durch das Eine das Unterschiedliche erkennen und in Einheit auflösen.

*

Unser Denken ist nichts anderes als die gebrochene Spiegelung dessen, was wir an Begrenztheit und Unbegrenztheit im Herzen haben. Deshalb ist die Kunst, das Herz zu reinigen, zugleich die Kunst, rein zu denken. Im Mittelpunkt des Herzens ist das Auge, welches das Göttliche sieht; aber da es das Göttliche ganz und nichts als das Göttliche sieht, ist es nicht verschieden vom Göttlichen, sondern eins mit Ihm, ist es das Auge des Göttlichen selbst, das uns sieht in Seiner ungeteilten Allwissenheit, und diese Seine Sicht sind eben wir selbst. Das Göttliche, sofern Es ein Erkennendes genannt werden kann, hat Sich selbst zum Erkenntnisgegenstande, ist daher nur vergleichsweise und von unserem Standpunkte aus in Kennendes und Gekanntes geteilt. Aber dieser unser Standpunkt ist dadurch berechtigt, daß wir für uns wirklich sind, und daß der Kern dieser unserer verhältnismäßigen Wirklichkeit eben das Auge des Herzens ist, mit dem wir das Göttliche schauen und durch welches das Göttliche Sich selbst und so auch uns schaut, da wir doch mitinbegriffen sind im Göttlichen und nicht außerhalb der Allmöglichkeit, nicht außerhalb der Wirklichkeit möglich und wirklich sein können. Das göttliche Auge schaut Seine Auswirkung durch ihre zahllosen Mittepunkte, ihre Herzen, aber Es schaut die Auswirkung als solche eben durch die Auswirkung, durch uns. Andrerseits schaut das Göttliche die Auswirkung nicht durch uns, sondern dadurch, daß Es Sich selbst schaut, als Allmöglichkeit, Allwirklichkeit; in dieser Schau ist es, entgegengesetzt der geschöpflichen Schau, als deren Ursatz schöpferisch und wirkt also das Weltall aus. Denn das Geschöpf ist beim Schauen duldsam, es wirkt nichts und ist vom Geschauten bestimmt; dagegen ist das Göttliche tätig in Seiner Schau: Es wirkt das Geschaute und bestimmt es, ohne irgendwie vom Geschauten bestimmt zu sein.

So ist der Mensch ein Baum, aus seinem Herzen gewachsen, und trägt Früchte nach der Art seines Herzens. Aber inmitten des Herzens ist das Auge des Göttlichen, das ihn wachsen läßt, dadurch, daß Es Sich selbst sieht, und das ihn sterben läßt, dadurch, daß Es ihn als Menschen nicht sieht. Denn sähe Es ihn als Menschen, so sähe Es ihn nicht schöpferisch, sondern wäre bestimmt durch ihn. Das Göttliche sieht nur Wirklichkeit; sähe Es die Auswirkung als solche, sähe Es Unwirklichkeit, würde Es bestimmt, erfüllt von Unwirklichem. Als mindere Wirklichkeit sieht Es uns durch uns selbst; unser Schauen ist nichts anderes als das gebrochene Spiegelbild Seines Schauens; es ist also immer noch Sein Schauen.

*

Auf drei Arten sind wir des Göttlichen teilhaftig: Erstens insofern, als wir in der Welt sind, und durch unsere Beziehungen zu ihr; zweitens insofern, als wir vor Gott sind, und durch unsere Beziehungen zu Ihm; drittens insofern, als wir im Göttlichen sind, also durch unsere Beziehungen zu Uns selbst. Im ersten Sinne sind wir ein gesellschaftliches Wesen; im zweiten Sinne ein Einzelwesen; im dritten Sinne das Allwesen, das Göttliche. Im Göttlichen sind wir unbewegt, weil nicht unterschieden vom Göttlichen; als Einzelwesen, insofern wir dem Göttlichen gegenüberstehen, ist unsere Bewegung einheitlich, welche Einheitlichkeit sich durch das unveränderliche Schwingmaß der Formen übersetzt, durch welche wir Gott dienen; als gesellschaftliches Wesen sind unserer Bewegungen viele, weil die Umwelt und wir selbst veränderlich sind, aber diese Vielheit unserer Beziehungen ist wiederum geordnet, als äußerste Übersetzung und Erweiterung der Einheit, nach den ewigen geistigen Bestimmungen.

Frei werden wir durch die Erkenntnis allein; im Maße, als wir uns dessen bewußt sind, können wir nicht mehr durch anderes auch nur scheinbar frei werden. Die Erkenntnis löst die Knoten der Unwissenheit gleichsam von innenher auf; sind diese Knoten zu eng geschlungen, müssen sie durch das Alexanderschwert gewaltsam gelöst werden; das ist das Leiden. Ursätzlicherweise können wir uns leidlos des Göttlichen voll bewußt werden, um nichts mehr zu sehen als das Göttliche, nicht mehr zu sein als das Göttliche; aber wir selbst wollen das Leiden, weil wir die Unwissenheit wollen.

Der Geist erschwert uns nichts: Mein Joch ist sanft, und meine Last ist leicht.

Im Geist ist Erkenntnis Liebe und Liebe Erkenntnis; denn Erkenntnis ist nichts anderes als Einssein.

*

Alles an uns ist das Maß unserer Erkenntnis.

*

Was ist die Urlehre? Sie ist das in Formen verhüllte, sich in Formen kundgebende, durch Menschenalter hindurch stets neugestaltig wiederkehrende und ewig sich gleichbleibende Wissen von den letzten Zusammenhängen. Diese in mannigfaltigen Formen lebende, von keiner Form beschränkte, immer wieder zum reinen Geiste zurückführende Wahrheit ist die Urlehre.

Sie ist keines menschlichen Denkens Erzeugnis. Sie gehört keinem zu eigen. Wer sie erkennt, der hat sie; aber im Grunde hält sie ihn umfaßt, hat sie den Erkennenden in sich aufgenommen – sie, die Ewige, den Vergänglichen. So nimmt das Meer einen Tropfen auf. Überall und nirgends ist ihr Eingang. Sie ist ohne Ursprung und ohne Ende.

ÜBER DEN AUTOR

Frithjof Schuon (* 1907 in Basel), schwäbisch-elsässischer Herkunft, seit vielen Jahren schweizerischer Staatsbürger, bekundete schon früh ein lebhaftes Interesse an platonisch-vedantischer Weisheit und an heiligen Überlieferungen überhaupt, also an allen östlichen Kulturen. Entsprechend prägen sein Leben zahlreiche Reisen und Aufenthalte in nordafrikanischen und vorderasiatischen Ländern, wo er sich im Sinne der *philosophia perennis* und unter dem Einfluß René Guénons mit dem Sufitum auseinandersetzte und dabei den berühmten algerischen Scheich El-Allaui kennen lernte. 1938 und 1939 begegnete er in Kairo Guénon, mit dem er während zwanzig Jahren für die Pariser Zeitschrift *Etudes Traditionelles* arbeitete. Später hielt sich Schuon lange bei den Prärie-Indianern Nordamerikas auf und wurde bei einem großen Indianertreffen in den Stamm der Lakota (Sioux) aufgenommen.

Schuon ist Autor bedeutender Werke auf dem Gebiet der vergleichenden Religionswissenschaft und der Metaphysik. In französischer Sprache verfaßt, erschienen u.a.: *De l'Unité transcendante des Religions* (vom Autoren selbst übersetzt unter dem Titel *Von der inneren Einheit der Religionen*); *Comprendre l'Islam* (auf Deutsch erschienen unter dem Titel *Den Islam verstehen*); *Regards sur les Mondes anciens* (auf

Deutsch erschienen: *Das Ewige im Vergänglichen*); *Logique et Transcendance*; *Forme et Substance dans les Religions*; *L'Esotérisme comme Principe et comme Voie*; *Du Divin à l'humain*; *Résumé de Métaphysique intégrale*; *Avoir un Centre*.

T. S. Eliot sagte über Schuons Bücher: »Ich bin bisher noch keinem eindrucksvollerem Werke im Gebiet der vergleichenden Studien östlicher und westlicher Religionen begegnet.« Und Professor Ananda K. Coomaroswamy, der frühere Leiter des Museum of Oriental Arts in Boston, bezeichnete Schuon als einen der ganz wenigen europäischen Denker, die dazu befugt seien, den Sinn morgenländischer Lehren zu erklären. Zu den weltbekannten Persönlichkeiten, die die Werke Schuons hoch einschätzen, gehören Leopold Ziegler, Karlfried Graf Dürckheim, Martin Buber, Etienne Gilson, Gabriel Marcel, Henry Corbin und Seyyed Hossein Nasr; letzterer veröffentlichte eine umfangreiche Anthologie unter dem Titel *The Essential Writings of Frithjof Schuon*.

Der hochbetagte Schuon verbrachte den größten Teil seines Lebens am Genfersee und hat sich vor zehn Jahren in die Vereinigten Staaten zurückgezogen.